U0933507

RE-
GLOBALIZATION

再全球化

理解中国
与世界互动的
新视角

WHEN CHINA MEETS
THE WORLD
AGAIN

王栋 曹德军 ◎ 著

作者简介

王　栋

北京大学法学学士，美国加州大学洛杉矶分校(UCLA)政治学硕士、博士，曾任美国宾夕法尼亚约克学院(York College of Pennsylvania)历史与政治学系终身制(tenure-track)助理教授。现任北京大学国际关系学院副教授、博士生导师，北京大学中美人文交流研究基地（教育部基地）执行副主任，兼任欧美同学会“东亚安全论坛”指导委员会委员、上海全球治理与区域国别研究院国际顾问委员会委员、《环球时报》社-卡特中心“中美青年学者论坛”顾问委员会委员、盘古智库学术委员会秘书长。第一位在外交史和国际关系史世界最顶尖学术期刊、美国外交史学家会会刊*Diplomatic History*(《外交史》)单独发表论文的中国学者，曾在*The New York Times*(《纽约时报》)发表中美关系评论文章。任《国际展望》和*Northeast Asia History*等国内外知名学术刊物编辑委员会委员。任*Foreign Policy Analysis*，*Journal of Peace Research*，*International Affairs*等国际顶尖学术期刊匿名审稿人。主要研究领域包括国际关系理论、国际安全、冷战史、美国外交、中美关系等。曾多次受邀作为中方学者代表参加达沃斯世界经济论坛、慕尼黑安全会议以及香格里拉对话等世界著名论坛和二轨对话。多次承担教育部、外交部、科技部等部委重大课题任务，两次获国家社会科学基金资助。2016年获提名入选“慕尼黑青年领袖”(Munich Young Leaders)。2018年入选北京市首届"卓越青年科学家"计划。

曹德军

北京大学国际关系学院博士生、北京大学“学术十杰”获得者。研究领域为国际关系理论、中国外交与全球治理，曾在《世界经济与政治》《当代亚太》《国际政治研究》等期刊发表学术论文10余篇。荣获“博士生国家奖学金”“北京大学才斋奖”等，独立发起成立了“SIS学术创新工作坊”。

推荐语

全球化对推动世界经济社会的发展和进步发挥出重大积极作用，但在一些地方和一些方面也确实出现了消极的现象。“逆全球化”思潮的涌起，使不少人对全球化的意义和前景感到迷惘。中国既是全球化的受益者，也是贡献者。此时此刻，作为世界第二大经济体的中国，如何看待和应对全球化的新形势，更引起国际社会的普遍关注。王栋和曹德军在《再全球化：理解中国与世界互动的新视角》这一新著中，用翔实的资料、雄辩的论证和崭新的视角，全面回答了人们关切的问题，并提出“再全球化”的概念深刻阐述中国与世界的关系，做出“在规则和形态上我们将创造一个从未想象过的全球化模式”的重要结论。这确实是关于全球化问题的一本应时好书，值得所有关心全球化的人们认真一读。我深信，只要读过这本书，一定会从中得到启迪和教益。

——马振岗　国务院外事办公室原副主任、原驻英国大使、中国国际问题研究院原院长本书通过大量的事实，生动并令人信服地说明了不仅全球化不会逆转，而且中国应当主动推进“再全球化”，加速自身发展，造福全人类。

——王缉思　北京大学国际战略研究院院长、中华美国学会名誉会长

作为青年学者中的领军人物，王栋为我们呈现了一部关于全球化和全球治理研究的杰作。这本书创造性地系统发展了“再全球化”的概念，并以此为切入点对全球化的未来做了极富创新意义的阐释。王栋及其合作者以清晰的逻辑、丰富的数据，令人信服地论证了中国已经成为引领再全球化进程的主要力量。这一杰出的研究将把我们对于全球化的认识和理解提高到一个崭新的阶段，代表着我国学者在全球化和全球治理研究领域的最前沿成果。这本书应当成为所有关心全球化和全球治理体系变革的有识之士的案头必备之书。

——杨洁勉　上海国际问题研究院学术委员会主席、前院长，中国国际关系学会副会长

我们面前的这部书确系杰作，不仅因为论题非常重大，而且因为视角较为新颖，同时论点体系颇有创见。“再全球化”至少意味着两大趋向：第一，全球化作为世界政治经济（world political economy）和更多基本事态或状况的一大动能势将持续下去；第二，以往的全球化在生成巨大的历史性积极成就的同时，弊端愈增，难免衰颓，因而必须也必然要更新。中国作为有自身的伟大秉性和经验的、正在勃然崛起和迈向兴盛的巨型强国，已经宣告一大宏伟志愿，即要作为主角之一，为引发和促进一种更可持续、更为广泛和空前公允的全球化做出巨大贡献。在此，杰出青年学者、北京大学副教授王栋及其优秀的同事曹德军要以上述特征来解说为何如此和怎能如此，这显然是一项非同小可的成就。

——时殷弘　中国人民大学国际关系学院二级教授、国务院参事

这是一部探讨中国与世界互动模式的思想力作。作者以哲学、国际政治学、文化和历史的多维视角，描述了中国以嵌入、修复、改造和升级的方式，和平跻身于现行国际体系的路径，并提出中国将通过推动“再全球化”，实现自身与世界的完美互动。

——姚云竹　退役少将，中国军事科学院中美防务关系研究中心原主任

本书的标题颇有新意，内容更值得阅读和争鸣。如果说中国正在进入新时代，中国与世界的关系也应有不同的视角。思想无疆，开卷有益。

——王逸舟　北京大学国际关系学院副院长、中国国际关系学会副会长

序

于洪君*

20 世纪 80 年代末至 2008 年，在冷战结束后大约 20 年间，经济全球化作为一股自带合法性的世界潮流，裹挟着世界各国向前发展。然而，爆发于美欧国家的世界金融危机，打开了潘多拉魔盒，在许多国家引发经济、政治、社会等一连串危机，猛烈地撼动着经济全球化大厦的基石。

全球金融危机的余波未平，中东战乱引发的欧洲难民危机影响又至。英国决定脱欧带给国际社会的震惊尚未消退，特朗普当选美国总统的消息又强烈地冲击了全球。最近十年，世界上接连发生的以上述重大事件为代表的深刻变动，不仅急剧改变着现有的国际秩序，而且极大地影响着经济全球化的发展趋势。总体而言，民粹主义兴起、逆全球化思潮蔓延，引发了思想层面的震动。诸如气候变化、金融治理问题、恐怖主义和难

---

* 于洪君，全国政协外事委员会委员，中共中央对外联络部原副部长。

民问题等非传统安全领域一系列问题相互叠加，使得全球治理体系和经济全球化遭受着现实而又严峻的挑战。

面对复杂多变的国际形势和不稳定不确定的未来前景，和平崛起中的中国镇定自若，积极应对，表现出强大的战略定力和政治智慧。作为现有国际体系的主要受益者和维护者、经济全球化的积极参与者和推动者，中国始终坚持和确认这一自我定位，一方面不断发出新倡议，为经济全球化注入新动力；另一方面不断实施新举措，以引领经济全球化的新发展。中国作为新一轮经济全球化领军者的地位和作用，正在得到国际社会的普遍认可和支持。习近平主席 2013 年提出共建“一带一路”的倡议得到热烈响应，越来越多的国家和国际组织参与到“一带一路”建设中来，就是一个突出例证。

2017 年初，习近平主席在达沃斯世界经济论坛上发表的题为《共担时代责任　共促全球发展》的讲话，为新一轮经济全球化健康发展指明了方向。面对经济全球化遇到的各种困难和问题，他指出，国际社会当前正确的选择是“充分利用一切机遇，合作应对一切挑战，引导好经济全球化走向”。他还指出，虽然全球化和全球治理面临着一系列挑战，但是世界各国不能回避问题，而需要“既有分析问题的智慧，更有采取行动的勇气”。在 2017 年 10 月召开的中国共产党第十九次代表大会上，习近平总书记在报告中进一步主张，要“推动经济全球化朝着更加开放、包容、普惠、平衡、共赢的方向发展”，推动全球治理体系改革。作为新时代中国共产党和中华民族的领路人，他所提出的这一主张充分体现了中国推动经济全球化和全球治理体系改革的勇气和决心。

中国不仅具有推动经济全球化和全球治理体系改革的勇气和决心，更可贵的是同时具有推动这一重大历史进程的信心与智慧。习近平主席曾经表示：中国有信心“为人类对更好社会制度的探索提供中国方案”。这种充分自信的庄严承诺，源于中国自身既博大精深又海纳百川的传统文化，同时也源于习近平主席对当今世界格局和人类发展大势所做的科学判断。

近年来，习近平大力倡导以合作共赢为核心的新型国际关系，努力推进以互联互通为主要内容的“一带一路”建设，努力构建不同形式的全球合作伙伴关系网，引导国际社会共同打造人类命运共同体。他所阐发的新“文明观”“发展观”“合作观”“安全观”“责任观”“义利观”等涉及全球治理核心问题与根本问题的新理念，体现和展示了中国在新的历史条件下做出的新战略选择，即进一步扩大开放，全方位融入国际社会，更积极地参与全球治理，更主动更有建设性地引领经济全球化进程。

中国的这一新战略选择，在实践中表现得越来越充分。第一，中国注重自身经济改革，助力国家经济转型，维持了经济发展的良好态势，为经济全球化提供原动力。第二，中国在现有体系下促进国际合作，推动国际治理体系变革。例如，在2016 年举行的二十国集团峰会上，中国积极提议有关国家“把发展问题置于二十国集团议程的突出位置”，共同制定落实了

“2030年可持续发展议程行动计划”。第三，中国借助“一带一路”倡议，发展对外开放新格局，力推新一轮经济全球化。2017年5月举办“一带一路”国际合作高峰论坛时，与会各方同中国密切合作，不仅在联合公报中肯定了中方提出的合作原则，并且促成76大项共270多项具体成果。第四，中国发起成立的亚洲基础设施投资银行和金砖国家开发银行，开局良好，运行有序，为经济全球化进程中的国际金融合作提供了成功范例和新鲜经验。第五，中国全方位发展与各国的友好伙伴关系，在坚持奉行睦邻友好的周边政策的同时，持续推进大国之间的务实合作，继续对广大发展中国家提供力所能及的支持和援助，为人类社会共同发展进步做出了新的贡献。

中国为推动和引领新一轮经济全球化而做出的巨大努力，自然而然地引起了国际社会的普遍关注，同时也成为国内外专家学者广泛议论的重大话题。正是在这一背景下，王栋和曹德军先生的新作《再全球化：理解中国与世界互动的新视角》应运问世。作者在书中将以中国为代表的新兴国家推动下的经济全球化定义为“再全球化”，认为新阶段的“再全球化”主要特点是扩容和升级。基于这一认识，作者提出一个重大理论问题，即国际社会如何接纳、包容和承认中国的全球领导者角色。我以为，本书的学术价值和理论贡献就在于，作者通过自己的深入研究和思考，为中国引领“再全球化”进程、推动国际秩序渐进性变革提供了理论支撑，并且在充分进行现实论述的基础上，对涉及“再全球化”的许多问题做出了大胆的预测和设想。

首先，本书从理论上论述了中国作为新兴大国提供公共产品的合理性和合法性。当前西方国家提供公共产品的能力和意愿下降，经济全球化导致社会不平等现象加剧，在这一背景下，以中国为代表的新兴国家较之以往，有更为强大的实力和意愿为国际社会提供公共产品，促进经济全球化的升级和扩容，使得经济全球化进入包容型发展阶段。本书的独特贡献之一在于按照全球化的政治和经济逻辑，提出了“封闭型”“内卷型”“脱嵌型”“包容型”四种全球化的类型划分，并以此为分析框架对历史上不同阶段的全球化形态和动力机制进行深入阐释。作者认为包容型全球化是全球化进程进入“再全球化”阶段的独特形态，为经济全球化的升级和扩容提供了新的空间和可能。这与极化思维、零和博弈思维影响下长期存在的那种排斥甚至反对新兴国家参与经济全球化的陈旧立场，形成了鲜明对照。中国所具有的包容、共生、共享、普惠等思维，为中国推动的新一轮经济全球化走向包容型新阶段提供了丰富的精神文化源泉。

其次，本书从“一带一路”倡议、亚洲基础设施投资银行、阿里巴巴全球性改革、中国自贸区创新实验这四个主要方面入手，分析了中国对新一轮经济全球化的现实推动作用。书中提及的中国所具备的基础设施优势、发展经验多元化、新兴技术领域发展潜能巨大这三大引领经济全球化的优势，为中国推动新一轮全球化健康发展提供了现实依据。

最后，本书还为中国引导“再全球化”战略选择规划了远景路线图。本书不但基于时间和空间两个维度对中国“再全球化”战略选择进行了全面分析，而且还结合中国现有的长期规划和建议、世界发展的未来走向，优化组合中国“再全球化”战略选择，颇具创新性、可预见性和可实践性。

我和王栋先生比较熟悉，乐于为他的新书作序，是因为王栋先生学术功底深厚，国际视野广阔，并且勤于思考，治学严谨，在外交史、中美关系、国际安全等诸多领域，不断产生高水平的研究成果，是中国青年国际关系学者中的领军人物。在这本著作中，王栋及其合作者曹德军创造性地发展了“再全球化”概念，并以此为基础，对经济全球化的未来以及中国与世界的关系做了深刻阐释，可以说是中国学界关于全球化研究的最新力作。在为引领新一轮经济全球化、推动全球治理而提供中国智慧和中国方案的过程中，本书的贡献和意义不言而喻，可喜可贺。

“世界潮流，浩浩荡荡，顺之者昌，逆之者亡。”在加入WTO后的十多年时间里，中国已经在经济全球化的浪潮中学会了生存与发展。如今，中国已经成长为世界第二大经济体和世界经济增长主要引擎，有必要、有能力也有责任为经济全球化注入新的活力与动力，提供新的模式与思维，推运新的实践与创新，使新一轮经济全球化，即本书作者所论述的“再全球化”，发展得更加平衡、更加持久、更加普惠、更加包容。

目 录

导 论

冷战结束意味着全球化时代的真正到来。某种意义上，冷战是人类历史上第一次全球范围不同观念与权力的博弈过程。全球秩序的形成是一个不断重构与演进的进程，而冷战对于人类全球化的历史大趋势而言无疑如平静海面上掀起的一阵巨浪，当浪潮退去人们才发现这仅仅是一个片段性的插曲，人类历史的大趋势依然是全球化。从体系变迁角度而言，中国在两极格局中政治、军事上的“部分崛起”，使得中国成为瓦解与重构原有秩序的最重要的推动力量之一。在这个意义上，中国参与了冷战时期全球秩序的重构。当然，从经典“基辛格主义者”的角度来看，冷战期间中国与全球秩序的关系是一个“回归常态”的过程，即从一个挑战二战后由西方主导的全球秩序的所谓“修正主义”国家重新回归到遵循势力均衡原则的现实主义路径。[1] 但是在“基辛格主义者”讨论的这个过程中，中

---

① Henry A. Kissinger, *World Order*, London, U. K.: Penguin Books, 2015.

国更多被动地被全球秩序所塑造。有意思的是，“基辛格主义者”的这种将中国视为“他者”的二元视角，在冷战之后被西方观察者所承继下来。在他们看来，冷战后崛起的中国与全球秩序关系的核心问题是，如何将中国重新纳入以西方为主导的全球秩序之中。这种将中国视为对立于现有秩序的“他者”的二元视角，不仅带着浓厚的西方中心主义的色彩，也与全球秩序演进的实践相脱节，因为冷战终结以来崛起的中国已经日益成为塑造和重构全球秩序的重要力量之一。将中国视为与现有秩序对立的“他者”就不可避免地陷入一种荒谬——中国既事实上存在于现有秩序之中，但又在合法性意义上不是现有秩序的一员。

2008 年是一个分割历史的清晰断层线，脉络有别，泾渭分明。北京奥运会的巨大成功与金融危机的极大破坏性都在这一年上演，一正一反两大事件的交错构成了一种“剪刀差”效应，低调多年的中国直接走上了世界舞台的中央，这比人们预期的早了很多年。在超级大国美国为国内外治理难题焦头烂额之际，中国以奋发有为的自信姿态对国际秩序变革和全球治理体系改革提出了系统的新思路。对中国来说，全球化舞台既熟悉又陌生。之所以熟悉是因为自己内嵌其中，即使曾被边缘化，但也从来没有退出全球体系；而所谓陌生，是因为现在的全球秩序已经走到了十字路口。肇始于美国的全球金融危机，一方面暴露了旧有全球秩序的短板与弊病，另一方面却也催生出新的修复力量。随着唐纳德・特朗普当选为美国第 45 任总统，作为霸权国的美国加快了抛弃全球责任的速度，同时“美国第一”的价值观也隐含着反对全球化的意识与战略。面对失序的国际秩序与出现内顾（inward-looking）倾向的霸权国，中国积极扮演着一个崛起国应有的建设性角色，但是中国并不寻求破坏或脱离现有的国际制度安排，而是将自己融入现有的国际体系并发挥自己的独特影响力。这种影响力是一种延续与变迁共存的改革，改革的互补性与创造性将全面提升现有国际机制的活力、效力与包容性。

中国古诗云：沉舟侧畔千帆过，病树前头万木春。新的矛盾总是孕育于旧有的矛盾之中，新的生命总是破土于旧有的根基之上。在原有国际秩序母体基础上，中国奋发有为、推陈出新，以创造性的方式供给新的全球治理机制与规则，让国际体系运作更加顺畅。与传统的“创造性毁灭”不同，“再全球化”（Re-globalization）以温和柔性的方式对全球化进行升级，主张包容大多数人的共赢，而不是霸权支配式的单赢。自2008年全球金融危机以来，中国对全球治理的参与有声有色。在坚持和平发展战略基础上，中国外交越来越“奋发有为”。但中国从来没有采取单边行动改变国际格局，中国对国际秩序的任何倡议与构想都强调建立“伙伴关系”，一起参与，共同应对。从国际多边经济与金融组织架构和平台（“亚投行”、“金砖银行”、“一带一路”倡议、“博鳌亚洲论坛”），到地区安全治理架构（“上海合作组织”“亚信会议”“香山论坛”），再到文化心理层次的共享理念（“亚洲新安全观”“命运共同体”等）建设，中国开始建设性地提出全球性改革方案。中国崛起所带动的新一轮全球化，是在对原有世界秩序进行反思的基础上，创造的一种协商治理、共商共建模式。这种多元、开放和网络协商的治理方式，没有固定中心与霸权，根据不同议题以“单边倡议、多边参与”为路径，发挥参与者的比较优势。中国之所以主张全球化的共同参与，正是因为既有全球秩序的二元化、集团化、碎片化，使得表面自由的国际秩序被少数国家操纵，甚至使得全球金融走势由华尔街一手操纵。中国作为从旧有全球化进程内部孵化出的新兴力量，有责任去修补、升级当前的全球结构。我们可以想象，中国这个大块头一旦运作起来，以前的全球化就必须扩容，如同以前的单一发动机，现在接入了另一个新的发动机，一旦完成扩容，则全球化效能将得到质的提升。这样一个过程，我们可以称之为“再全球化”（Re-globalization）。

从中国视角看待全球秩序，我们所关注的核心问题是：当作为世界人口第一大国、身份异质大国的中国，重新回归世界权力中心时，它所引发的全球化规则变迁如何影响国内秩序与国际秩序之间的互动？某种意义上，理解中国就是在理解全球化，因为中国已经是全球化的重要部分；而对“再全球化”的讨论就意味着思考中国如何重塑全球化和全球秩序这一问题。“再全球化”概念试图围绕全球秩序的新特征，重点阐释三个方面的问题：①扩容是全球治理改革的高级形式。当一件衣服不再合身时，我们是主张继续在上面“打补丁

(Patchworks)”，还是正视现实，给这个已经长大的主人重新“量体裁衣”？新一轮扩容并非意味着扔掉以前的旧衣服，而是在其基础上进行延展扩容，这种旧衣服与新衣服之间的关系已经很难用二分对立思维来认识，相互之间不是简单的取代，而是共同融合成一件新旧兼备的特殊衣服，这就是扩容，是升级，而不是摧毁。②以中国为代表的新兴经济体，长期以来搭着全球化的便车，受益于霸权供给的全球公共产品。但是，如今霸权大树不稳，甚至开始破坏自己曾经建立的全球秩序，面对这样戏剧化的历史转型，新兴国家应该如何有所作为？新一轮全球化又该如何避免传统全球化的弊端？这些问题是对新兴国家提出的公共考题，可能不同国家有不同答案，但是中国作为最具潜力的崛起大国，对这些问题必须给出自己的回答。③全球化浪潮成就了21世纪的中国崛起，让曾经“潜伏”在边缘地带的中国一跃而来到世界舞台的中央。当在与美国同纬度、逆经度的世界另一半球上，有一个西方世界既熟悉又陌生的中国崛起时，这些西方大国如何调试自我，尝试着与中国共担全球责任？而中国又将如何避免崛起国的战略困境？世界秩序失衡与大国心态失衡的叠加，是否会再次引发历史上的大国政治悲剧？

为此，本书写作的出发点至少有两个：首先，就理论意义而言，我们希望提出一个关于理解中国崛起与全球秩序之间关系的崭新视角。应该说，中国崛起是当前国际政治研究的核心话题，不是仅局限于中国国内，也是全球学术界关心的焦点。

中国融入全球化 30 余年，以西方并不欣赏的渐进式转轨方式，取得了举世瞩目的发展成就。在人类历史上还没有过一个国家与地区在如此短暂的时间里，实现如此大规模的经济崛起。西方学术界对中国的理解始终存在隔靴搔痒的通病，长期以来国际学术界、政策界关于中国崛起与全球秩序互动关系的讨论，多是从静态的视角来分析中国与全球化之间的关系，将其简单化为守成国与崛起国之间的必然矛盾。本书则主张从动态的角度出发，将中国作为全球化的一个内在变量，注重分析中国与其他行为主体之间的互动关系，将正在进行的再全球化进程定义为全球化扩容的过程，注重对于制度变迁和系统平衡的分析，以期在理论上取得突破。

其次，本书致力于从全球化时代的中国责任出发，探讨中国学者看世界的视角，将中国关怀、中国思维与中国方案植入对转型中的全球秩序的思考，主张以更加包容性的认识框架将中国看成全球化的“试验田”，从而超越零和观念，降低人为撕裂全球化进程的风险。

基于上述分析，本书试图围绕四大论点加以讨论。

论点一：全球化“内嵌”并脱胎于冷战的分裂进程。冷战终结意味着全球化时代的真正到来。全球化不仅意味着竞争，更意味着世界秩序的一次“扩容”，从局限于欧洲的国际秩序 1.0 版，发展为美欧跨大西洋共治的 2.0 版，再到今天中美跨太平洋合作的 3.0 版，越来越多的国家被纳入全球化进程中。某种意义上，冷战是人类历史上的第一次全球范围的不同观念与权力的博弈过程，是全球秩序重构进程中的“戏剧性”表达。从体系的变迁角度而言，中国在两极格局中政治、军事上的“部分崛起”，使得中国成为瓦解与重构既有秩序的最重要力量之一；冷战期间，中国以第三世界领袖之姿参与推动世界革命，推动了冷战时期全球秩序的重构。当然，从经典“基辛格主义者”的角度来看，冷战期间中国与全球秩序的关系是一个“回归常态”的过程，即从一个挑战二战后由西方所主导的全球秩序的所谓“修正主义”国家重新回归到遵循势力均衡原则的现实主义路径。但是在“基辛格主义者”的视野中，中国更多是被动地被全球秩序所塑造，这是一种将中国视为“他者”的二元视角。这种视角，不仅带着浓厚的西方中心主义的色彩，也与全球秩序演进的实践相脱节。

论点二：身份异质与规则同质，是中国融入世界面临的重大挑战。当西方领导人谈起国际秩序的时候，他们有一种先入为主的西方中心的视角，仿佛他们拥有对现存国际秩序的“产权”。西方人在国际秩序表述中，一说起中国，明显带有一种排他的语境，“你是不是要挑战、推翻现有秩序”？他们认为现有的所谓自由主义秩序（Liberal Order）是在美国及其盟友主导下所建构起来的一套规范和规则秩序。他们看中国的时候，带有一种傲慢的心态：“你必须表现很好，这样才能有资格成为现有国际秩序中的一员。”显然，这样的心态本身就有一种荒谬性。好比量子物理一样，中国与现存国际秩序的关系是“既在其中又不在其中”。那么到底中国是否属于现存秩序中的一员？事实上，中国当然处于战后国际秩序中，至少中国经济的成功就是接受市场规则的结果；但是从西方自由主义叙事的合法性角度来讲，中国似乎不是主流秩序的一部分，因为中国在身份上被视为与西方大部分国家是异质的。因此，当西方决策者、学者用所谓自由秩序的概念审视现存国际秩序时，中国似乎是一个塌陷的“黑洞”，是一个需要教化与改变的“他者”，这种思维显然带有很大的局限性，而且会加剧彼此间的不信任。

论点三：国际社会对中国的期望在升高，但是中国的起飞正处于“爬升”阶段，犹如飞机从对流层进入平流层，正处于不确定性风险最大的时期。越来越多的国家公开承认中国事实上已经成为全球大国，而且认为中国在国际经济、金融治理领域表现突出，只不过在安全事务方面尚有较大提升空间。因此，客观来讲，从观念到能力，中国离真正的全球领导型大国尚有一定的距离。[①] 中国已经是国际秩序变革，乃至国际秩序重塑的非常重要的推动力量，但是要获得领导合法性，还有很长的路要走。犹如一架飞机，任何大国的崛起都要经历“滑行和起飞”的颠簸，然后进入“爬升与巡航”阶段。从起飞、爬升至巡航高度是新兴国家“崛起压力”最大的时候。

① 王栋：《从慕尼黑看中国与国际秩序》，《学习时报》2016 年 2 月 29 日第 2 版。

在当前的东亚秩序中，中国的国际行为不仅受到“霸权压力”，也面临着周边地区的“小国牵制”，这种“双重压力”加大了中国崛起的成本，也压缩了以武力崛起作为理性战略选项的可能空间。一方面，由于中国与以美国为中心的霸权体系存在战略互疑与矛盾，美国的盟友体系在维持现有秩序方面对中国产生挤压；另一方面，中国在软硬实力方面，尚难以完全符合周边小国的期待，在重大战略问题上还难以真正获得国际社会全方位的支持。而美国作为东亚现存霸权国，却可以挥霍从他国那里轻易获取的战略性资源，甚至在超越意识形态意义上，美国可同时依赖“体制内”和“体制外”的两方面的资源，增加对冲中国的力量。相比而言，崛起国必须同时满足“霸权国”和“国际社会”的双重需求，因而崛起国也常常实行争夺小国支持与安抚霸权国的对冲策略。

论点四：中国需要在自我克制与适时对外介入两者之间保持平衡。从战略目标设定来看，改革开放后中国对国际秩序战略设定偏向内敛与内顾，但是中美两国的意识形态矛盾并没有彻底消失，只是被缓和与掩盖了。当两国实力越来越接近时，这种意识形态的斗争会出现回潮的可能性，因此双方都需要保持战略上的自我克制，需要对自身力量进行自我约束，这是很难的。战略约束、自我约束是国际政治中稀缺的美德，但中国和美国都要意识到这一点，做到这点对双方都非常重要。另外，从中国近年来关于“韬光养晦”的争论可以看到，奋发有为的外交策略越来越成为中国政府的偏好。

增强资源汲取能力，扩大国际参与度，以大国之姿参与引领国际事务越来越成为中国国内共识。在全球化时代，将自身崛起嵌入现有体系，是降低崛起压力的优先选项。[①] 这要求崛起国保有足够的战略定力与战略耐心，采用审慎与明智的战略，塑造资源汲取能力。

---

① 孙学峰：《中国崛起困境：理论思考与战略选择》，社会科学文献出版社，2011；Kai He and Huiyun Feng, "China's Bargaining Strategies for a Peaceful Rise: Success and Challenges," *Asian Security*, Vol. 10, No. 2, 2014, pp. 168 - 187。

第一章　拥抱全球化与中国叙事

不管是白猫还是黑猫，抓住老鼠就是好猫。

——中国改革开放总设计师邓小平谈发展

我们已经谈了 15 年……黑发人谈成了白发人。

——中国前总理朱镕基谈中国加入世贸组织

2016 年 2 月，由中远、中海两大航运企业合并而成的中国远洋海运集团在上海正式挂牌成立。合并后的巨无霸企业拥有各类船舶 1114 艘，综合运力达 8532 万载重吨，是全球综合运力最大的航运企业。在某种意义上，该企业庞大的体量与全球领先的实力是中国崛起的一个缩影与象征。[①] 而与这种物质实力迅速增长相对应的是，中国的制度创新能力也正快速增强。2010 年在中国航运中心与金融中心——上海，一个致力于以创新领先于世界的航运运力交易平台——上海航运运价交易有限

① 《中国远洋海运集团："中国神运"全球竞争力几何?》，第一物流网，2016 年 2 月 25 日，http：//www.chinawuliu.com.cn/zixun/201602/25/309771.shtml。

公司（简称 SSEFC）正式建立，其创新的指数衍生品交易模式，在国际航运领域形成独具特色的“上海”标准。[①] 与此同时，上海自由贸易试验区对接“一带一路”倡议，开启了新一轮中国改革与全球改革的同步进程。与之前的几轮改革相比，新一轮改革有一个显著特征：即将中国发展与全球化进程完全联动起来。40 年前的中国改革开放主要集中于解决国内经济发展问题，改革方案中涉及的全球化表述仅仅被作为国内改革的大背景，很少有联动国内与国际两个大局的改革性措施。但如今，中国越来越从国内改革走向全球改革，引领新的全球化潮流。在原有国际秩序基础上，中国正以创造性方式供给新的全球治理机制与规则。可以想像，当中国这个巨大发动机运作起来时，旧有的全球化就必须扩容，以包容共享理念追求多赢与共生的全球化新潮流，对此我们称之为“再全球化（Re－globalization）”进程。之所以用“再”，而非“新”来界定当前的全球化进程，是因为中国推动的全球化扩容并非完全另起炉灶，而是通过内部改革来升级现有国际架构。

一　全球化进程与中国转向

“全球化”概念产生于西方社会，最终被全球接受和使用，其风靡全球的过程本身也是全球化的体现。长期以来，中国被

---

① 上海航运交易所，http：//www.sse.net.cn/indexIntro？indexName = intro，登录时间：2017 年 4 月 8 日。

视为全球化的被动接受者，中国对全球化的最大影响是它在经历多次挣扎之后，于20世纪70年代末选择再次主动拥抱全球化浪潮。回看20世纪初的头30年，中国无疑已是全球化进程中的一个主要参与者。当时，上海已是国际一流大都市，蜂拥而至的国际旅行者数量并不输于伦敦、东京与巴黎，那些穿梭在世界各地的中国留学生、革命活动家与企业商人的身影也相当普遍；翻看中国的一些著名大学，例如当时的燕京大学、北京大学、清华大学的校史档案就会发现，其教员留学的比例竟然远远高于当前的中国著名高校，其学生们的毕业论文也有一大部分是使用英文撰写的。①

一般认为"全球化"进程有几个阶段，最近一次是肇始于20世纪70年代各国之间日益紧密的经贸联系以及非国家行为体的迅速成长。然而从更大的历史叙事角度看，19世纪中后期，中国被列强强行拉入西方主导的全球化进程中，这是中国与世界的第一次近距离相遇，而实际上这次相遇留下了很多悲伤的记忆，因此说"卷入"全球化，而非"参与"全球化，或许更加贴切。当时的中国被西方的坚船利炮逼入全球化大潮之中，成为这个体系中被剥削与压榨的边缘者。然而，正是这个进程给了中国"睁眼看世界"的机会，在审视陌生的外部世界时，中国发现自己必须从文化和思想上与国际接轨才能真正实现救亡图存。中国的国际化进程由此开

① 数据来自笔者对现今存放于北京大学的燕京大学毕业档案的查阅。

始，在碰撞中民族意识开始觉醒。1902 年梁启超先生第一次提出了“中华民族”这一概念，中国政府越来越开始从国家利益、权力政治与国际法系统的角度去看待世界格局。这样，近代中国被卷入国际体系的第一次“全球化”启动了中国的国内改革与现代化进程，这是一个古老文明重新被西方规则“国际化”的过程。

近代中国的洋务运动以及改革立宪进程都加速了中国参与国际社会的步伐。在第一次与第二次世界大战中，中国作为参战国发挥了重要作用。然而，1949 年新中国成立后，中国全面脱离西方影响，“一边倒”加入以苏联为首的社会主义阵营，中美很快成为意识形态上的敌人，中美在朝鲜战场进行较量，美国对华实施全面禁运和制裁，中国则视美帝国主义为头号敌人。20 世纪 60 年代，随着“极左”思潮泛滥，中国关闭了面向全球化的大门，直到十一届三中全会启动改革开放的进程，中国才主动做出重新加入国际社会、参与全球化的历史性转型。改革开放的历史进程是中国第二次拥抱全球化，与鸦片战争以后的第一次卷入全球化不同，这一次是中国主动“改变自己，影响世界”。[①] 第二次拥抱全球化并不是接受“主权”“民族主义”这些近代以来已经内化的观念，而是致力于在现代国家基础上实现现代化转型。与参与第一次全球化所做的努

① 章百家：《改变自己，影响世界——20 世纪中国外交基本线索刍议》，《中国社会科学》2002 年第 1 期，第 4 ~ 19 页。

力相比，改革开放是一种主动的选择，而且是从成本收益角度核算而言对中国有利的决定。改革开放并不是在险恶的环境中进行的，而是存在一个有利的外部环境，即“和平与发展”成为时代的主题。自 20 世纪 70 ~ 80 年代以来，英美等国推出“新自由主义”政策，主张减少政府干预，扩大海外市场；而美苏冷战缓和以及亚洲“四小龙”的崛起都为中国参与国际产业转移并塑造良好的贸易环境奠定了一定基础，为此改革开放的总设计师邓小平做出判断，整个时代的主题已经由“战争与革命”转变为“和平与发展”。但是，需要注意的是，直到 2008 年全球金融危机爆发之前，中国的外交一直恪守“韬光养晦”的战略方针，并没有积极主动地去塑造全球规则，而是在努力融入与学习。

表 1　中国参与全球化的三次历史

阶段	时间段	中国的角色	全球化动力	互动特征
第一次	19 世纪中期至 20 世纪中期	边缘化/被动接受者	欧洲列强的舰炮政策	单向被动：中国被迫卷入全球化，在压迫中学习
第二次	1979 年至 2008 年	中心化/主动参与者	美国主导的西方自由主义经济	单向主动：中国嵌入全球化进程，共同生长
第三次	2009 年至今	核心化/主动塑造者	北京共识与华盛顿共识的互补与竞争	双向主动：中国主动塑造全球化，扩容升级

资料来源：笔者自制。

从大历史角度看，全球化意味着世界秩序的一次又一次“扩容”。从15世纪的麦哲伦环球航行开始的全球化是一个仅仅局限于欧洲的1.0版本；而随着工业革命的推动，全球化开始整合西方世界，演进成为美欧跨大西洋共治的2.0版（英国霸权）与3.0版（美国霸权）全球化；随后，冷战分裂了世界又整合了世界，中国改革开放与跨太平洋合作的时代到来，形成全球化的4.0版。[①] 从理论上看，大国与世界的关系有四种不同的发展状态：Revolution（革命）；Evolution（进化）；Devolution（衰退）与Involution（内卷）。“革命式”的关系意味着一种激进的突变或中断。“进化式”发展则是指大国与世界形成命运共同体，当国际体系面临重大危机时能够决定性地推进世界格局的进步与演化。正如两次世界大战期间美国扮演的角色一样。与外部世界关系的衰退（Devolution），表现为历史上衰落的霸权国为了维护原有地位，发动预防性战争或实施扩张性战略。在衰退（Devolution）与进化（Evolution）的两端是内卷化（Involution）阶段，是一种转型期的状态。更准确地说，在经历冷战结束后的“历史终结”“单极时刻”后，今天的西方世界面临更多看不见的“敌人”，不仅来自非西方大国的竞争，更来自恐怖主义、金融动荡、难民危机、网络安全与经济萎靡等非传统安全领域。21

① 邵宇、秦培景：《全球化4.0：中国如何重回世界之巅》，广西师范大学出版社，2016；邵宇：《“一带一路”开启全球化4.0时代》，《上海证券报》2015年4月1日；周艾琳：《亚投行：开启“全球化4.0”模式》，一财网，2015年4月15日，http://www.yicai.com/news/4605057.html。

世纪前半叶是中国崛起的关键时期，中国国内社会与国际社会的互动将发生深刻变革。与此同时，西方国内社会也在经历深刻变革，每一次西方国家选举中呼声最高的一个词语都是“change”（变革）。中国在变革，西方也在变革，全世界都在变革。

二 中国引领新一轮全球化

2008 年全球金融危机的政治影响波及至今，当西方国家内顾倾向抬头之后，世界把更多目光投向中国。以中国为代表的新兴经济体，开始引领全球化的发展。尤其是中国逐渐成为全球化的领头羊。2017 年 1 月 17 日，中国国家主席习近平在达沃斯世界经济论坛年度会议上发表主旨演讲强调，“把困扰世界的问题简单归咎于经济全球化，既不符合事实，也无助于问题解决”，呼吁世界各国“坚定不移发展开放型世界经济……坚定不移发展全球自由贸易和投资，在开放中推动贸易和投资自由化便利化，旗帜鲜明地反对保护主义”，并强调“打贸易战的结果只能是两败俱伤，搞保护主义如同把自己关进黑屋子，看似躲过了风吹雨打，但也隔绝了阳光和空气”。[①] 习近平主席的演讲，在一片反全球化、逆全球化和贸易保护主义的阴霾中给世界带来信心，宛若逆流中的砥柱，显示了中国是国际秩序的维护者和经济

---

① 习近平：《共担时代责任共促全球发展：在世界经济论坛 2017 年年会开幕式上的主旨演讲》，2017 年 1 月 17 日，新华社，http：//news. xinhuanet. com/fortune/2017 －01/18/c_ 1120331545. htm。

全球化的支持者。[①] 如今的中国与全球化之间的互动模式已经出现转向：中国从一个边缘的全球化融入者、学习者，如今已成长为新一轮再全球化的重要引擎，下面从三个维度予以说明。

第一，中国当前世界级的经济规模与贸易体量，对全球经济具有深刻而广泛的影响。2013 年中国超越美国成为全球货物贸易第一大国；中国已经成为全球 120 多个国家和地区的最大贸易伙伴，70 多个国家和地区的最大出口市场（参见图 1）。同时，中国作为最大的新兴国家，在可预见的未来将为世界创造巨大经济动力，与此同时，也将孕育一个超级中产阶级消费市场。这种来自国内的消费需求增长与中国走向全球的步伐同步，将在全球创造一种“中国消费者支撑外国经济”的现象。2009 年全球中产阶级超过 18 亿人，其中欧洲 6. 64 亿人，亚洲 5. 25 亿人，北美 3. 38 亿人。据预测，到 2020 年，全球中产阶级总人口将增长至 32 亿人，到 2030 年全球中产阶级人口更将高达 49 亿人左右。在这个迅猛增长的趋势中，以中国、印度等为代表的亚洲新兴市场将贡献主要的中产阶级消费潜力，到 2020 年中国与印度的中产阶级人数联合起来将占世界总量的 66%，其带动的消费也将占到世界总量的 59%（这一数字在 2009 年仅仅只有 23%）。[②] 其中，在 2030 年前中国将一直维持

---

① 傅莹：《全球的变革与中国的角色》，《参考消息》2017 年 3 月 9 日。

② Homi Kharas, “The Emerging Middle Class in Developing Countries,” OECD Development Centre Working Papers, No. 285, OECD Publishing, Paris, http：//dx. doi. org/10. 1787/5kmmp8lncrns – en 2010, p. 28.

中产阶级人口数量迅速增长的趋势，届时中国中产阶级人口数量将占国内总人口的75%，这意味着那时中国的中产阶级人口将超过欧洲、北美和日本等国家和地区的总人口之和，这将是撼动世界的一个数字。①

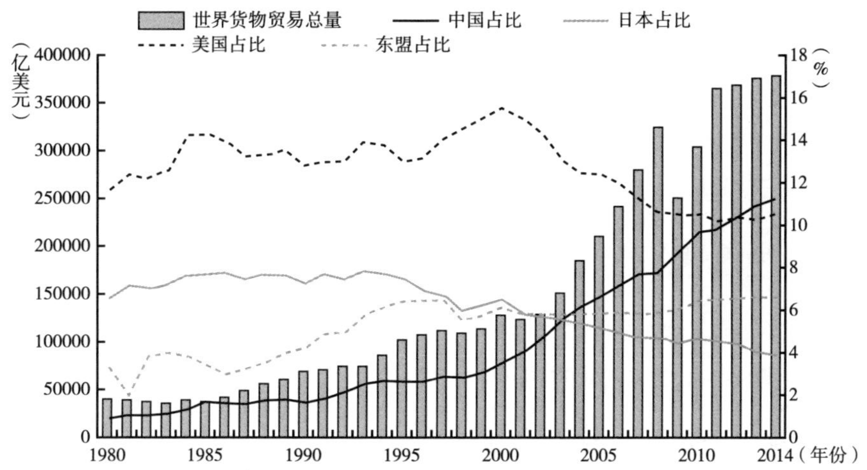

图 1　世界主要经济体货物贸易占比*

资料来源：根据联合国贸易发展会议数据库（UNCTAD STAT）数据计算制图。

*转引自王金波：《“一带一路”经济走廊与区域经济一体化：形成机理与功能演进》，社会科学文献出版社，2016，第 12 页。

第二，中国在经济、金融、旅游与网络发展模式等各方面显示出强大实力，已经进入净输出阶段。2015 年中国公民出境旅游人数达到 1.2 亿人次，旅游花费 1045 亿美元，同比分别增

---

① U. S. National Intelligence Council, *Global Trends 2030: Alternative Worlds*, December 2012, https://www.dni.gov/files/documents/GlobalTrends_2030.pdf, p. 9.

长12%和16.7%。2016年中国超过美国成为世界上最大的商务旅游市场。在世界经济普遍不景气的背景下，中国游客在全球具有越来越大的影响力。[①] 此外，近年来中国对外直接投资并购活跃，领域不断拓展。自2001年中国加入WTO以来，中国商品贸易出口额由2001年的2660.98亿美元增加到2015年的22765.7亿美元，增长了约7.6倍；进口由2435.53亿美元增加到16820.7亿美元，增长了近6倍。[②] 如今中国已经成为全球第一大贸易国、第一大外汇储备国、第二大经济体以及众多初级产品的最大买家，这些显著的经济成就对世界产生了广泛的吸引力。[③] "一带一路"倡议、亚投行等开始被视为中国的新名片和"软实力"标识。在金融方面，中国推动全球金融治理规则走向完善。2015年以人民币结算的跨境贸易额高达1.1万亿美元，占到中国对外贸易额的30%和全球贸易额的3%。而2000年，跨境贸易结算中还看不见人民币的踪影。通过推进与澳大利亚、日本、韩国、俄罗斯等主要贸易伙伴的双边协定，中国在人民币国际化方面取得了长足的进步。人民币的崛起可以成为促进中国及国际货币体系变革的建设性力量，特别是人民币成为国际货币

---

① 《中国出境人数和消费居世界之首》，《海南日报》2016年1月30日，http://news.163.com/16/0130/07/BEIGQE7U00014Q4P.html。

② 倪月菊、苏庆义：《中国入世十五年：回头望与向前看》，《东方早报》2016年12月6日。

③ 常璐璐、陈志敏：《吸引性经济权力在中国外交中的运用》，《外交评论》2014年第3期，第1~16页。

基金组织的储备货币，以及金砖国家新开发银行和亚洲基础设施投资银行先后成立，充分展现了中国在全球经济中的地位。① 除香港外，中国人民银行设立了近 20 处境外人民币清算中心，分布在新加坡、纽约、伦敦、法兰克福、多哈等全球金融重镇。

第三，中国高举经济全球化大旗，用行动抵御逆全球化声音。从数据上看，2016 年中国经济增长对世界经济的贡献率达到 33%，是全球经济增长第一引擎。2017 年 3 月，亚洲大部分地区制造业再次获得稳健增长，中国再次引领潮流。② 近年来，中国积极扩大进口，维护全球开放自由贸易。与此同时，中国积极参与国际经济结构改革，在全球经济治理中贡献中国智慧、中国方案。其中，推动"一带一路"倡议与牵头组建亚投行是中国支持经济全球化的具体行动。"一带一路"建设的精神是强调开放合作、设施联通、贸易畅通、资金融通与民心相通。事实证明，"一带一路"建设助推的全球化既有利于中国自身，也惠及参与该建设的沿线经济体。2016 年，在国际市场需求不景气的情况下，中国与"一带一路"沿线国家经贸合作成绩显著，进出口总额达到 6.3 万亿元人民币，增长 0.6%，累计投资超过 185 亿美元，为沿线国家创造了近 11 亿美元的税

---

① Eswar S. Prasad, *Gaining Currency: The Rise of the Renminbi*, Oxford: Oxford University Press, 2016.

② 李雨谦：《中国对世界经济增长的贡献率超过 30%》，财新网，2017 年 1 月 13 日，http://economy.caixin.com/2017-01-13/101043565.html。

收和 18 万个就业岗位。此外，中国还有其他推动经济全球化的具体行动。例如，推进自由贸易区建设，在“区域全面经济伙伴关系协定谈判”（Regional Comprehensive Economic Partnership，RCEP）中发挥建设性和积极性的作用。坚定支持多边贸易体制，推动世贸组织多哈回合谈判，采取切实行动推进多边框架下的各类多边贸易协定谈判。中国还积极参与全球经济治理结构完善工作，在多边和区域平台如 G20（二十国集团）、金砖国家峰会、亚太经济合作组织等积极发出中国声音、提出中国方案、贡献中国智慧。①

三 中国特色的嵌入式崛起

正如习近平主席所指出的：“中国发展不是另起炉灶、推倒重来，而是实现战略对接、优势互补。”② 从中国的角度讲，中国的崛起受益于二战以后形成的国际政治经济体系。这也意味着，中国在崛起的过程中，需要通过接受现有的国际规则来加入目前的国际体系。西方国际关系理论经常将一个崛起的国家称为“修正主义国家”（revisionist power），认为这样的国家

① 苏庆义：《“一带一路”建设推动经济全球化发展》，2017 年 3 月 28 日，http：//www. iwep. org. cn/xscg/xscg_ sp/201703/W020170328861603712963. pdf。

② 习近平：《携手推进“一带一路”建设：在“一带一路”国际合作高峰论坛开幕式上的演讲》，新华社，2017 年 5 月 14 日，http：//news. xinhuanet. com/politics/2017 －05/14/c_ 1120969677. htm。

会积极谋求改变世界秩序。[①] 与此相对的是所谓的“现状国家”（status quo power），指的是现有世界秩序的营造者、得益者、守护者，其国家战略的目标是保存、维持现有的国际体系。很明显，这种二分法的视角是有局限性的。如果中国的崛起是因为能从现有国际体系得益的话，中国应该力求现有体系能够维持下去，这恰恰是中国积极支持联合国、世界贸易组织、自由贸易等体制、观念的原因。此外，作为内嵌于全球化进程中的中国，其一旦决定参与全球化浪潮，就需要改变与国际通行的规则规范不相一致的国内体制机制。2001 年 12 月中国加入世界贸易组织时，中国对多边制度和世界贸易组织成员身份的态度已经发生了根本变化，由通过“关税与贸易总协定”的成员身份来使贸易收益最大化的单纯动机转变为与全球经济体系“接轨”，并将这些规则内化到国内经济体系当中。入世的学习曲线始于这样一种意识，即“中国不应该成为一个‘例外’”。[②] 中国深度融入世界、影响世界的格局和发展的方式，我们将其总结为“嵌入式崛起”模式（参见图 2）。

① Yue Jianyong, “Peaceful Rise of China: Myth or Reality?,” *International Politics*, Vol. 45, No. 4, 2008, pp. 439 – 456; Bonnie S. Glaser and Evan S. Medeiros, “The Changing Ecology of Foreign Policy – Making in China: The Ascension and Demise of the Theory of Peaceful Rise,” *The China Quarterly*, No. 190, 2007, pp. 291 – 310.

② 陈志敏、〔加〕崔大伟主编《国际政治经济学与中国的全球化》，上海三联书店，2006，第 238 页。

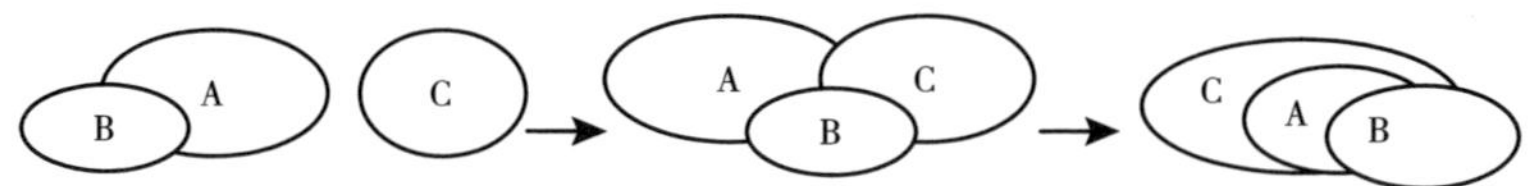

图 2　全球化时代的嵌入式崛起图示

注：A 为霸权国（例如美国），B 为霸权国的追随者（例如英国），C 为崛起国（例如中国），三者之间的动态关系，是从分离到接触，再到融合与共生，三者组成的整体网络也代表着全球化形态的变化。

资料来源：笔者自制。

“嵌入性”思想源于著名英裔匈牙利哲学家卡尔·波拉尼（Karl Polani），他认为人们的物质生产和交换活动，其实是“嵌入”在责任感、荣誉等社会动机之中自发完成的。物质满足是社会行动的附带效应，经济制度“嵌入”在社会制度中，无法独立运作。[①] 受此启发，美国著名社会学家马克·格兰诺维特（Mark Granovetter）认为，行为和制度深深受到社会关系的限制，一种社会关系镶嵌在其他关系之中。[②] 中国崛起与历史上的德国崛起、日本崛起最大的区别就是中国崛起的背景是全球化，在中国崛起进程中中国已经与国际体系主导国形成共生关系。美国著名历史学家尼尔·弗格森（Niall Ferguson）将

---

① 参见〔英〕卡尔·波拉尼《大转型：我们时代的政治与经济起源》，冯钢、刘阳译，浙江人民出版社，2007；刘阳：《突破限制，重新探索人类生活的可能性：卡尔·波拉尼的〈大转型〉》，《社会科学报》2010 年 12 月 14 日第 10 版。

② Mark Granovetter, “Economic Action and Social Structure: The Problem of Embeddedness,” *American Journal of Sociology*, Vol. 91, No. 3, November 1985, pp. 481 – 510.

这种崛起国与主导国之间的深度共生现象概括为“中美国（Chinamerica 或 Chimerica）”。[①] 中国崛起的时代背景是对外开放，即中国是通过融入与加入全球化进程而崛起的，离开全球化时代潮流中国崛起将成为无本之木、无源之水。如果丧失主导国提供的稳定的国际秩序，中国崛起的成本也将大大增加，因此中国与国际社会、崛起国与主导国在深度全球化时代已经相互嵌入、彼此共生，离开繁荣的中国，世界也将陷入混乱，而没有现存国际秩序的架构，中国也不可能成为世界上的最大贸易国。从冷战结束到 2008 年全球金融危机爆发，世界处于高度开放的全球化繁荣时期，中国借势崛起。2006 年，美国是全球 127 个国家的最大贸易伙伴，中国的这一数字为 70 个。到了 2011 年该现象完全逆转，中国已是 124 个国家的最大贸易伙伴，美国则是 76 个。仅仅五年时间，中国便超过美国成为众多国家的最大贸易伙伴，其中包括韩国、澳大利亚等美国的盟国。[②] 格兰诺维特将嵌入性作为一种隐喻方法，比喻不可分割的共生的变量关系，即 A 根植于 B 的依附共生关系。[③] 这里我们把中国与全球化之间的关系也隐喻成一种“嵌入式”状态，

---

① Niall Ferguson and Moritz Schularick, “Chimerica? Think Again,” *The Wall Street Journal*, February 5, 2007, p. 17.

② 《中国最大贸易合作伙伴远超美国，成为全球贸易主导者》，观察者网，2013 年 12 月 17 日，http://www.guancha.cn/economy/2013_12_27_195361.shtml。

③ Mark Granovetter, “Economic Action and Social Structure: The Problem of Embeddedness,” *American Journal of Sociology*, Vol. 91, No. 3, November 1985, pp. 481 – 510.

中国作为一个国际行为体始终嵌入在国际社会之中，有时处于边缘，有时处于中心，而当 2008 年以后的强大中国面对逆全球化的国际趋势时，作为嵌入其中的崛起国需要站出来承担更多的责任，去修复和升级这个曾经促进自己发展的全球体系。尽管这个体系的主要构建者依然打着西方的烙印，但是这并不影响中国以和平渐进的方式重新赋予这一体系新的动力和意义。这种做法符合中国传统文化中对“道”的强调，即顺应趋势，有所为，有所不为。“道者，自然也”，中国嵌入国际体系的发展方式是一种顺应全球化潮流的“道”，如今全球化发展面临困境，中国以自己的能力和意愿站出来接过重担，也是不负众望的“行道”。中国崛起与现存秩序之间是一种折中的调和，而非取代关系。自 1978 年以来的中国外交特征可以总结为三种策略。

一是“渐进式合法化”策略。即积极参与已有的国际组织、国际合作框架，中国所承担的建设性责任将与其释放的国际影响力成正比。这些国际组织，例如联合国、世界银行、国际货币基金组织等，多数是二战以后在以美国为主的西方国家的主导下形成的，是二战后国际体系赖以存在的骨架。中国不挑战国际秩序的重要表现，就是其自 20 世纪 80 年代以来，日益深入地接受、融入这些国际组织和平台。而中国在现有国际体系中影响力、参与程度的增加，则表现在中国正在这一类的国际组织和平台中更深入地介入、承担更多的责任、发挥更大的影响。例如，近年来国际货币基金组织的一部分投票权就从美国和欧洲国家转移到以中国为代表的新兴国家。同时，世界银行、国际货币基金组织也出现了由中国专家担任高级副行长、首席经济学家的情况。2013 年 11 月，时任教育部副部长郝平当选联合国教科文组织新一届大会主席，任期两年，这是在该组织历史上中国代表首次获选大会主席。而在 G20（二十国集团）、亚太经合组织这样的国际机构和框架中，中国的影响力和主导力也在不断增强。纵观大国历史，崛起并非一个短期过程，因而需要合法性与耐心。中国具有几千年文明，对待权力转移与时空转化问题相对其他年轻的国家则更加有耐心。中国领导人明白，国际领导力与合法性紧密相关，因此中国只有将自己嵌入现有的国际规则体系中，才能逐渐被大多数国家所接受。

二是“改革与创新并举”策略。中国在世界体系中的介入程度、影响力增加的另一方面，是在遵循已有的各种多边国际合作框架的同时，更加积极主动地构建一些新的国际合作体系。这包括一些双边的体系，比如，在世贸组织的框架下，中国先后同秘鲁、智利、巴基斯坦、新西兰、冰岛、瑞士等国家建立了自由贸易区，并积极推动和其他很多国家如澳大利亚、墨西哥、加拿大、挪威达成自由贸易协定。如果中国和加拿大、墨西哥、巴西这些国家形成了双边的自由贸易协定，那么和中国具有自由贸易关系的国家也就覆盖了美国主导的所谓“跨太平洋合作伙伴”（TPP）的成员了。同时，中国正在积极推动国际多边合作体系的发展。20 世纪 90 年代中国首次倡导成立了上海合作组织。此后，在应对亚洲金融危机的背景下，中国倡导成立了中国—东盟自由贸易区。中国主动倡导这一类的多边合作的行动，在近年来变得十分醒目。例如，中国先后独立或与多方共同提议创建了金砖国家新开发银行（2013 年 3 月 27 日于南非德班提出）和亚洲基础设施投资银行（2013 年 10 月 2 日于印度尼西亚雅加达提出）。目前，中国正在积极推动东亚自由贸易区、上海合作组织能源俱乐部、上海合作组织自由贸易区、“一带一路”倡议等众多的多边合作机制。这些措施在不抵制、不挑战国际上现存的多边机构的前提下，积极培养、创造新的国际合作的空间和平台，这是中国特有的改变世界体系中的权力结构的“增量方式”。[①] 通过尝试创设新的国际规则和机制，中国可以适当引进和培育更为先进的全球治理机制，这些新的国际机制对既有传统国际机制不是完全替代，而是补充、完善。

三是强调“制造同意”策略。在全球化时代国家之间的生存与利益相互依赖，一个崛起大国依然要为获得更大的国际影响力而奋斗，但是与旧历史相比，它要争取的不是等级式、支配式的权力，而是协同式、吸引式的影响力。从理论上看，影响力区分为吸引力和强制力两大类，因此国际领导亦可区分为吸引型国际领导和强制型国际领导。在全球化的国际社会中，

① 王正绪：《“再全球化”时代的中国选择》，《中国新闻周刊》2014 年第 2 期，第 30～32 页。

小国与中等国家的自我权利意识与平等意识更加强烈，当大国主要通过吸引力来发挥影响时，其在世界上的领导地位就更加受到欢迎。例如，二战结束不久美国向贸易伙伴提供的开放市场是美国获得国际领导地位的关键，其创立的布雷顿森林体系与推行的马歇尔计划，也都受到盟友欢迎。反之，当美国粗暴使用武力和经济强制的手段来巩固其世界领导地位时，其国际领导地位的合法性便大为削弱，例如阿富汗战争、伊拉克战争与叙利亚战争前后美国遭受国际社会广泛批评。① 当前，中国与世界的互动水平与影响力都已达到前所未有的高度。中国对世界的影响在增加，影响中国外交的因素也在增加。更加自信的中国应该学会去理解其他国家的想法和担忧，选择外交的、和平的、其他国家可以接受的方式去追求自己的利益，在领导手段上要借助于吸引型国际领导手段，在领导方式上要注重平等相待而不是居高临下。②

打一个比喻，中国在 2008 年之后倡议推动的国际规则与西方二战之后创立的老规则，犹如一棵参天大树上生长的“新芽”与“旧枝”。尽管从时间上看，那些崛起国倡议创设的国际公共产品“新芽”会在一定时间内自然替代功能老化、不符合时代需求的国际机制（“旧枝”），但是在逻辑上两者并没有

① 陈志敏、周国荣：《国际领导与中国协进型领导角色的构建》，《世界经济与政治》2017 年第 3 期，第 15 ~ 34 页。

② 陈志敏、常露露：《权力的资源与运用：兼论中国外交的权力战略》，《世界经济与政治》2012 年第 7 期，第 4 ~ 23 页；张清敏：《理解十八大以来的中国外交》，《外交评论》2014 年第 2 期，第 1 ~ 20 页。

必然的竞争与零和关系，一棵大树有足够错落有致的空间让“旧枝”与“新芽”共同经历风雨，新的国际机制的发展并不以旧有机制被替代为代价，反而“新芽”在为大树装点生机的同时，也能给“旧枝”供给新的养分，有利于维持其转型与新陈代谢。即便是一个效率更高、功能更优的新平台，若要真正成长也需要与现有体系进行嫁接，这种嫁接也是“嵌入性”的另一层含义，即新老体系的共生关系。经受检验的全球治理新规则需要以累积性与增殖的方式吸引利益相关者不断加入，构成自我增长的“珊瑚礁效应”，最终孕育出新型的国际体系格局。

四 从网状思维理解全球化

中国塑造世界的最好方式不是利用器物层面的实力对比，而是通过无数外交网络“管道”将自身影响力传递到全球各地。通过这种软性的关系治理，积极培育国际社会资本，让中国崛起有机地根植于国际社会。换言之，中国外交转型应该超越线性思维，以多维联系的思路将国家利益的外生变量和内生变量衔接起来。[①] 在这种视角下，“联结”（interconnectivity）本身被视为一种比权力（power）更加重要的战略性外交资源。

---

① 王逸舟：《全球政治和中国外交：探寻新的视角与解释》，世界知识出版社，2003，第7～9页；王逸舟：《论中国外交转型》，《学习与探索》2008年第5期，第57～67页。

必须看到，全球化语境下的中国崛起，发生在一个相互依赖的“网格状世界”之中。[①] 进入 21 世纪以来，中国崛起的进程几乎就是一个不断融入世界、与外部世界编织网络的过程。十八大之后的中国其实已经开始主动编织与大国、周边国家以及多边主义舞台上的外交经纬网络，在网络中植入“关系”要素。新时期中国外交从多层次、立体化、跨时空的关系性视角对中国周边局势做出了基本判断，提出建设“丝绸之路经济带”和“21 世纪海上丝绸之路”的网络新格局。[②] 中国正着力建构自己的网络轴心联系（hub linkages），并且广泛与其他网络连接起来，借此产生辐射作用。

处于转型期的全球化需要新的动力，而中国的关系性思维与再全球化的互联互通一脉相承。自 2008 年全球金融危机以来，中国不仅成为全球经济新的发动机，也构成了全球化发展

---

① 国际关系的网络分析请参见：Margaret E. Keck and Kathryn Sikkink, *Activists Beyond Borders: Advocacy Networks in International Politics*, Cornell University Press, 1998; Miles Kahler ed., *Networked Politics: Agency, Power, and Governance*, New York: Cornell University Press, 2009; John M. Owen IV, *The Clash of Ideas in World Politics: Transnational Networks, States, and Regime Change*, 1510 – 2010, Princeton and Oxford: Princeton University Press, 2010; Zeev Maoz, *Networks of Nations: The Evolution, Structure, and Impact of International Networks*, 1816 – 2001, New York: Cambridge University Press, 2011; Anne – Marie Slaughter, *A New World Order*, Princeton University Press, 2005; Anne – Marie Slaughter, *The Chessboard and the Web: Strategies of Connection in a Networked World*, New Haven and London: Yale University Press, 2017。

② 杨鲁慧：《和平崛起与中国周边外交新理念和新格局》，《理论探讨》2014 年第 6 期，第 5 ~ 10 页。

的中国周期，一旦中国经济增速放缓或实现1个百分点的增长率，都将对全球经济产生重大影响。以前由美国主导的“规则基础上”的全球化格局，如今陷入困境，而以中国传统智慧为核心的“关系性”思维，认为非正式的互动连带、非结构式的网络状格局，更有助于应对整个全球体系的所谓“领导困境”。这种困境是指：在霸权国充当世界领导人的历史中，世界发展完全依赖霸权国所建构的规则体系，一旦这些体系本身存在局限而霸权国自身缺乏改革意愿时，全球化进程就会陷入低潮，甚至出现紊乱。而如今，中国倡导的“再全球化”图景，则是一种以多元化、“去中心化”为特征的“流动式”模式。该模式不强调既定的中心与领导权，而是更关注于非等级制的、开放的、扁平的关系格局的构建。这也是中国式治理与美国式治理的重要区别，前者主张柔和与联结，后者关注强制与个体。具体而言，传统全球化强调“规则为基础”的治理体系，具有实力优势的行动者通过提供恩惠或者惩罚控制另一个行动者，所以它隐含着诸如强力、压制、控制以及暴力等冲突性力量。然而，在相互依赖的全球化互动中，优势不一定来自“强制性权力”，而是可能来自“关系性权力”（relational power）。[①] 所谓“关系性权力”是指权力的同化与软性影响。它存在于社会交往网络之中，具有主体间性，不可还原为个体的属性特征。

---

① 把“权力”理解为“一种社会关系”是中国政治学界一个普遍的观念。参见杨光斌《政治学导论》，中国人民大学出版社，2000，第31~46页。

普林斯顿大学教授约翰·伊肯伯里（G. John Ikenberry）指出，与其盟友间互惠关系的承诺是美国“宪政性国际秩序”（constitutional order）的权力基础。[①] 实际上，权力实现的途径包括合法性（legitimacy）和资源（resources）。约瑟夫·奈（Joseph S. Nye）创造的“软权力”概念就清晰地从权力的合法性转向了“关系性权力”。[②] 所谓“关系性权力（relational power）”，是指通过关系连带摄取资源的能力。关系网络和其中流动的资源，正如血管之于血液，形式之于内容。就中国外交风格而言，这种“关系性”与“网络思维”比比皆是。例如在对外援助中，中国摒弃权力支配的交换取向，而是扩展关系渠道，强调“关系投资”的有效性，这有助于克服短期利益诱惑，赢取核心支持的可持续性。[③] 此外，中国近年来还秉持“亲、诚、惠、容”外交理念与周边大部分国家维持良性关系，牵头创建亚洲基础设施投资银行，推动“一带一路”倡议，致力于编织区域性、全球性“互联互通”网络关系。比如 2013

---

① 〔美〕约翰·伊肯伯里：《大战胜利之后：制度、战略约束与战后秩序重建》，门洪华译，北京大学出版社，2008；〔美〕约翰·伊肯伯里：《自由主义利维坦：美利坚世界秩序的起源、危机和转型》，赵明昊译，上海人民出版社，2013。

② Joseph S. Nye, *Soft Power: The Means to Success in World Politics*, New York: Public Affairs, 2004; Joseph S. Nye, *The Paradox of America Power: Why the World's Only Superpower Go It Alone*, Oxford U. K.: Oxford University Press, 2010; Joseph S. Nye, *The Future of Power*, New York: Public Affairs, 2011; Joseph S. Nye, "Soft Power," *Foreign Policy*, Vol. 80, 1990, pp. 153 - 171.

③ 曹德军：《国际政治的“关系理论”——概念、路径与挑战》，《世界经济与政治》2017 年第 2 期，第 36 ~ 53 页。

年 9 月 7 日，习近平主席在哈萨克斯坦纳扎尔巴耶夫大学提出共建“丝绸之路经济带”的倡议，同年 10 月，习近平主席在对印度尼西亚进行国事访问期间提出建设“21 世纪海上丝绸之路”倡议（参见图 3）。

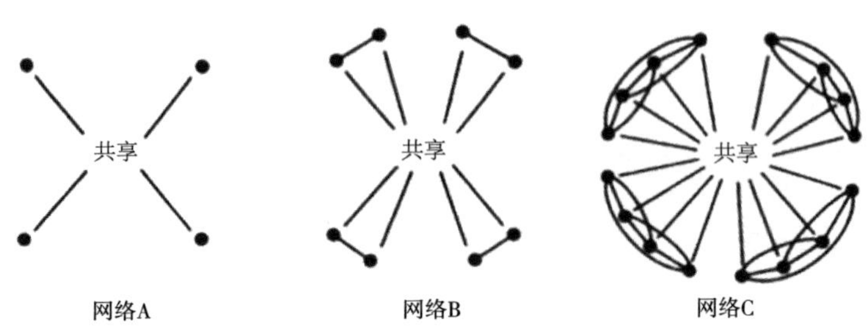

图 3　“一带一路”的网络扩展模式

资料来源：笔者绘制。

2017 年 5 月，“一带一路”国际合作高峰论坛在北京成功举行，30 多位国家元首、政府首脑和重要国际组织负责人以及来自 130 多个国家的约 1500 名各界嘉宾齐聚北京。这些国家或国际组织都因为贸易、经济、人文等方面的对华紧密交流而成为中国外交战略网络中的一个个“结点”。中国编织的“一带一路”网络在 2014 年至 2016 年三年内，已经促成超过 3 万亿美元的贸易订单，中国对“一带一路”沿线国家投资累计超过 500 亿美元；中国企业已经在 20 多个国家建设 56 个经贸合作区，为有关国家创造近 11 亿美元税收和 18 万个就业岗位。习近平主席在开幕式上的演讲中不少于五次提及“编织网络”的思想。例如在谈到“一带一路”贸易成绩时，他说：“本次论坛期间，我们还将签署一批对接合作协议和行动计划，同 60 多个国家和国际组织共同发出推进‘一带一路’贸易畅通合作倡议。各方通过政策对接，实现了‘一加一大于二’的效果。”所谓“一加一大于二”，就是一种网络关系传递思维。[①] 简言之，关系思维对全球化的积极意义，体现在提供信息与信任、培育公共产品两大方面。

首先，关系既可以传递信息，也可以传递信任。根据关系中的熟悉程度、感情依附强度，以及接触频率多少，网络关系有“强关系”和“弱关系”之分。美国著名政治学家帕特南（Robert D. Putnam）区分了“桥梁”网络（bridging networks）和“联系”网络（bonding networks）：前者是社会包容和渠道开放的，因此异质群体之间能够建立联系，而后者却排斥外来者，会形成内聚力较强的认同圈子。[②] 一方面，弱关系是与不同网络之间的松散联系。国家之间彼此互动的次数和时间越少，情感越疏远，相互亲密和信任程度越浅，则它们之间的关系就越是一种“弱关系”。由于弱关系的主体是不同群体的成员（没有身份认同），行动者之间社会距离和链条更长，信息的异质性程度更高，所以通过弱关系传递的信息往往是非重复的，对个体而言也是最有价值的。国际社会上的中国具有三重

① 习近平：《携手推进“一带一路”建设：在“一带一路”国际合作高峰论坛开幕式上的演讲》，新华社，2017 年 5 月 14 日，http：//news. xinhuanet. com/politics/2017 －05/14/c_ 1120969677. htm。

② Robert D. Putnam，*Making Democracy Work*：*Civic Traditions in Modern Italy*，Princeton，N. J. ：Princeton University Press，1993.

身份，既是大国，又是发展中国家，还是非西方国家。多重身份可以使中国成为联系南北国家的桥梁，既可以在社会经济发展方面传递发展中国家的声音，又可以敦促发达国家履行全球治理义务。当中国处于世界网络的“结构洞”（structural hole）位置时，它联系发展中国家与发达国家时的弱联系就具备传递双方信息与资源的中间人优势。[①] 另一方面，那些交往时间长、感情强度高、亲密程度高且互惠的关系就是“强关系”。[②] 共处于一个网络中的国家之间通过彼此信任，可以在需要的时候动员他国的资源来帮助自己，通过重复互动、信任建构与社会资本培育，一国的力量就可以被伙伴共享。生活中个人可以“借朋友的车搬家”，国际关系中国家也可以“借伙伴的力量办事”。朋友关系是一种社会资本，良性的外交关系也可以是社会资本。社会资本的维系需要礼尚往来，其根本条件在于成员之间存在互惠关系。[③]

其次，关系网络孕育社会资本。正如秦亚青指出的，中国外交的逻辑在于：只要合作进程得以维护，即便不能产生即时的预期效果，信任水平也不至于恶化到不可逆转的地步。[④] 关

---

① Ronald Burt, *Structural Holes: The Social Structure of Competition*, Cambridge M. A.: Harvard University Press. 1992.

② 〔美〕马克·格兰诺维特：《镶嵌：社会网与经济行动》，罗家德译，社会科学文献出版社，2007，第112页。

③ 燕继荣：《社会资本与国家治理》，北京大学出版社，2015，第86~87页。

④ 秦亚青：《关系与过程：中国国际关系理论的文化建构》，上海人民出版社，2012，第151页。

系过程是自我执行的、流动的。中国儒家文化倡导“己所不欲，勿施于人”。面对不同的文明或利益冲突时儒家文化通常强调宽容与忍让，通过化干戈为玉帛，化冲突为和谐以实现整体秩序的有序与和谐状态。这种思想反映到中国外交哲学之中，便使得中国外交决策倾向于注重长远合作。当互动双边被锁定在一种关系中时，为了维持长期关系，在危机面前中国宁愿克制对短期最大效用的追求，也不会进行苛刻的交易，目的在于维持积极关系，为应对不确定的环境留下空间。国际社会是关系性的，中国影响世界的最好方式是通过社会资本培育信任、规范与互惠。社会资本理论（Social Capital Theory）自20世纪90年代起在西方成为一门新兴的分析范式。“社会资本”概念的创始者是法国著名社会学家皮埃尔·布迪厄（Pierre Bourdieu），他认为社会资本是持久性的、机制化的关系网络以及其中蕴藏的实际或潜在的资源。① 其后，这一思想被社会学、经济学和政治学所继承和发展。在国际关系领域，社会资本逐渐被引进和借用。主流学界认为，“社会资本——作为在市场中期望获得回报的社会关系投资——可以定义为在目的性行为中获取的，或被动员的、嵌入在社会结构中的资源”。② 社会资本理论并不是倡导外交中纯粹的道德主义或理想主义，而是强

---

① Pierre Bourdieu, “The Forms of Capital,” in John Richardson ed., *Handbook of Theory and Research for the Sociology of Education*, New York: Greenwood, 1986, pp. 241 - 258.

② 〔美〕林南：《社会资本——关于社会结构与行动的理论》，张磊译，上海人民出版社，2005，第24、28页。

调自身利益与他者利益之间的“共享”和相互促进。社会资本不是一种私人财产，而是区域公共产品。社会资本，如信任、规范和网络，一般来说都是公共产品（public goods），而传统资本则是一种私人产品（private goods），在一个共同网络中社会资本越用越多，不存在竞争性与排他性。当我们把社会资本理解为一个国家、一个地区或组织集团普遍具有的组织规范与和睦相处、合作信任的社会关系时，社会资本作为一种集体资源就是“公共产品”。①

① 〔美〕罗伯特·帕特南：《繁荣的社群——社会资本与公共生活》，载李惠斌、杨雪冬主编《社会资本与社会发展》，社会科学文献出版社，2000，第158页。

第二章　从全球化到再全球化

世界上有两种力量：刀剑与思想。从长远来看，刀剑最终被思想打败。

——拿破仑·波拿巴

各美其美，美人之美，美美与共，天下大同。

——费孝通

传统意义上的“全球化”是指经济活动的国际化过程，是一种资本、商品、服务、劳动以及信息超越国内市场和国界进行扩散的现象。① 全球化是一个动态演化的进程，经过多轮扩张、博弈、萎缩与调整后，今天已经进入一个新的扩容与重构阶段。2008 年是一个分割历史的清晰断层线，标志着再全球化进程的起点，北京奥运会的极大成功与美国金融危机的极大破坏性都在这一年上演，一正一反两大事件的交错将韬

① 〔英〕戴维·赫尔德等：《全球大变革——全球化时代的政治、经济与文化》，杨雪冬等译，社会科学文献出版社，2001，第 20 页。

光养晦的中国推上了世界舞台的中央。而这场肇始于美国的全球金融危机，彻底暴露出旧有全球化模式的弊病，西方理论界围绕全球化的未来展开了激烈的争论。在金融危机爆发之前，西方学界大多对全球化持一种乐观主义的态度，大部分观点认为全球化是世界历史发展的新阶段，是一个不可抗拒的客观趋势。全球化就是把不同事物传播给世界上各个角落的人们的过程，通过整合不同文明、经济与知识体系，使得全人类福祉得到显著改善。① 全球化所倡导的自由流动，大大提高了资源的配置效率。但是，在全球金融危机的冲击下，西方社会对全球化的态度发生明显变化，逆全球化与去全球化、地缘政治回归论、世界碎片论等悲观言论不断出现，反映出西方世界的焦虑与不安。最典型的，西方国家之间的贸易战、英国“脱欧”、特朗普鼓吹“美国优先”以及欧洲右翼力量的崛起，在某种程度上就是对全球化投的不信任票。下文将分析西方世界与中国社会对全球化的两种态度。

一　旧全球化的西方困境

“全球化”一词，据说最早是美国经济学家T. 莱维于1985

① Oliver Reiser and Blodwen Davies, *Planetary Democracy: An Introduction to Scientific Humanism*, New York: Creative Age Press, 1994.

年提出的，但至今还没有一个公认的定义。当时全球化是指经济活动的一个国际化过程。人们曾经给它下过许多定义。其中一个被广泛接受的定义是：资本、商品、服务、劳动以及信息超越国内市场和国界进行扩散的现象。在全球化进程中，全球化“红利”并未在发达国家与发展中国家之间公平分享，因此，在1999年1月底召开的达沃斯世界经济论坛第29届年会上，又出现了“负责任的全球化”这一新概念。以往学者在讨论全球化时，多聚焦于已为世界所广泛认可的经济全球化。然而，人类学家关注全球化时，发现经济与文化之间的密切联系映射出一个新的问题——文化全球化。他们批判以往的研究并没有认清全球化的多元性，呼吁将全球化视为一个政治、经济、文化的交织过程。由此，不仅商品、贸易、资本、殖民主义、帝国主义等经济领域的研究进入全球化视角，文化、社会组织、跨国性流动及全球性认同也成为当代人类学关注的新方向。①

长期以来，学术界关于全球化是什么的争论大致可以归结为两类。第一类认为全球化主要是经济现象的全球联通与流动，即在世界范围内形成某个“同一的”经济共同体；第二类把全球化作为一种政治或文化的趋同，认为科技进步压缩了时空距离，这种更紧密的互动带动了跨国认同扩散，最终形成国

① 〔美〕阿尔君·阿帕杜莱：《消散的现代性：全球化的文化维度》，上海三联出版社，2012。

际社会的一体化，最终导向的是“大同社会”或“大同世界”。

首先，对于经济全球化的支持者而言，“流动性”与“扁平化”是全球化的重要特征。就像马克思在《共产党宣言》中设想的那样，世界各个角落的工人因为国际贸易的分工与相同的命运其实已经处于一个巨大的无产阶级网络之中，一旦工人们意识到了自己处于这个网络，就可以联合起来进行斗争，抵抗被大资产阶级垄断的全球化利益分配格局。全球性的生产、贸易、商品、资本和市场等经济要素向世界各个角落渗透和扩张，编织了一个无形的网络，每个人都在这个网络的不同位置上，这就是全球化带来的经济效应。但是当不同的国家被纳入一个规则一体的全球网络时，不同个体的差异似乎被磨平、不同国家的当地文化似乎被淡化，全球标准让每个国家的人民都在追求一种想象的、统一的全球化生活模式，这种模式不是简单地将各个国家的特点加总，而是呈现一种混合之后的多元嫁接，每个人都能在全球化中找到自己曾经熟悉的部分，又可能面临更多未知与不熟悉的部分。因此，经济全球化表面上让世界各地的消费行为整合在一起了，但是并没有将人们的认同整合在一起。现在看到的西方社会内部，依然被两极化社会撕裂，整个全球社会内部也依然被分成南方国家（global south）与北方国家（global north）。这种断层线永远存在，不同的只是谁将成为“赢者”，谁将成为“输者”。美国东北部铁锈地带里凋敝的工厂，以及依靠这些工厂存活的蓝领阶层，他们的失去感与被剥夺感，在一个全球统一的市场中显得更加强烈。在他们看来，全球化是抢夺他们工作机会的可怕黑洞，他们不仅在国内与精英阶层对立，而且对外与中国或越南这样的发展中国家的工人阶级对立，他们似乎与全球化的每个部分都格格不入，他们发现自己成为全球化的“输者”。当唐纳德·特朗普当选为美国第45任总统时，那些铁锈地带的失业蓝领激动万分，因为他们所期待的代言人终于能代表他们说话了。特朗普一上任就宣布驱逐非法移民、修建边境隔离墙，并威胁开启中美贸易大战把“被抢去的工作岗位”夺回来。因此，可以说2016年美国总统大选作为一个历史性事件，彰显了全球化的自我矛盾。

其次，对于政治全球化的支持者而言，“两极化”与“碎片化”是全球化的重要特征。在经济学家看来，一个由科技、生态、通信和商业联系在一起的缩小的世界，会降低交易成本，扩大整体福利。但是很多支持政治全球化的学者认为，这种观点只看到表面，而忽视了其本质。马克思在《共产党宣言》里论述全球化本质上正是不平等的世界扩散，它使得越来越多的无产者被卷入世界分工中，在一个相对底层的经济体系中没有尊严地劳动。因此，马克思认为全球化让工人阶级觉醒，但是要真正解决全球不平等问题还需要消除贪婪的资本主义制度。问题是：两极化社会中一方消灭另一方，是不是会导致胜利方内部再次发生两极化分裂？因为分配无论在何种体制下都是相对的，总有人分到的会多一些，有些人会少一些。加拿大学者罗伯特·考克斯（Robert Cox）对全球化给出了复数式理解。他认为我们目前所理解的全球化具有多重所指，包括经济的全球化、空间的全球化、意识形态的全球化、时间的全球化、问题（危机）的全球化等，但是政治全球化是全球化最重要的本质内容。[①] 2008 年全球金融危机是历史转向的重大节点。当前西方世界的孤立主义情绪与反全球化思潮日益高涨，在世界最需要全球化的危急时刻，传统发达国家（特别是霸权国美国）却开始缩回国内，推卸全球治理责任。英国经济政策研究中心（CEPR）报告显示，贸易保护主义正在使全球自由贸易陷入困境。例如，2009 年美国实施贸易保护措施次数有 120 次，到 2013 年就猛增至 741 次，而到 2016 年则激增至 1066 次；同样，俄罗斯实施的贸易保护措施次数也增长明显，从 2009 年的 72 次，增加到 2013 年的 334 次，到 2016 年已经达到 559 次。相比而言，作为新兴经济体的中国则旗帜鲜明地反对各种形式的保护主义，倡导贸易投资自由化、便利化。[②] 这里产生了第二个值得深思的问题：为何在全球化分工中处

---

① 〔加〕罗伯特·考克斯：《生产、权力和世界秩序：社会力量在缔造历史中的作用》，林华译，世界知识出版社，2004，第 230 页；〔美〕莱斯利·辛克莱：《相互竞争之中的多种全球化概念》，载梁展编选《全球化话语》，上海三联书店，2002，第 31 页。

② 中国在 2016 年实施的贸易限制措施次数只有 241 次，少于印度的 562 次、巴西的 299 次，是世界主要经济体中采取贸易限制措施数量最少的国家之一。参见 Simon J. Evenett and Johannes Fritz, *FDI Recover? The 20th Global Trade Alert Report*, August 30, 2016, http://www.globaltradealert.org/reports/download/15。

于不利地位的中国成为全球化和自由贸易的最积极维护者，为何全球化的最大受益者西方国家却渐渐关上开放的大门？对此，需要思考全球化的政治含义，即任何全球性的流动最终都需要落地，需要“在地化”（localization）。当经济问题在地化时，就涉及对当地利益格局的再洗牌问题，这时保守者不愿意失去更多，激进者要求获得更多，因此全球化进程中的在地化与“全球在地化”（glocalization）将全球化看似和谐的外表去掉，剩下令人尴尬的政治分裂。著名媒体人、《纽约时报》专栏作家托马斯·弗里德曼在《世界是平的：21世纪简史》一书中，把一体化的世界描述成没有差异的、平等的、平面化的世界。[①] 但是他这里的“扁平化”仅仅只是经济意义上的互联互通后的扁平，而不是政治与文化意义上的“扁平化”。恰恰相反，经济表面上的扁平，却导致了政治等级化程度加深。爱德华·萨义德（Edward Said）以东方学的诞生为例，解剖了西方在建构东方学过程中的话语霸权。基于这种批判理论，众多学者开始关注全球化向中国的扩张，特别是文化上以消费主义意识形态为主导的扩张，指出第三世界在众多广告媒体宣传面前是如何接受“推销的消费指导”的，即来自“上层”精英的全球化与来自底层的“低端全球化”双轨运行、双重作用的结果。这种视角从另一个侧面反映出

① 〔美〕托马斯·弗里德曼：《世界是平的：21世纪简史》，何帆、肖莹莹、郝正非译，湖南科学技术出版社，2009，第116页。

国家在世界经济结构中的等级地位。①

然而，具有讽刺意味的是，全球化曾一度被等同于美国化（Americanization）或西方化（Westernization），但是现在美国与欧洲国家都在忙着去全球化，回归贸易保护主义和孤立主义，这是历史的倒退与回潮吗？长期以来，库兹涅茨曲线（Kuznets Curve）为全球化的支持者描绘了乐观的前景：虽然贫富差距会在经济增长的早期阶段扩大，但经济增长最终会缩小社会贫富差距。然而，这个猜想在全球化时代却并未得到证实。事实上，自从20世纪80年代以来，贫富差距在大多数国家不断扩大。托马斯·皮凯蒂（Thomas Piketty）在《21世纪资本论》（*Capital in the Twenty - First Century*）一书中对贫富差距扩大给出了有力解释。他指出，从历史上看，资本的收益率持续高于收入增长率，导致社会贫富差距不断拉大。② 而在全球化时代，由于资本的跨国避税能力更强，各国政府不得不更多地依靠收入所得税来支撑福利支出，贫富差距可能会进一步扩大。那么，到底谁是全球化的赢家和输家？在《全球不平等》一书中，前世界银行经济学家布兰科·米拉诺维奇（Branko Milanovic）仔细考察了全球化最鼎盛的20年间（从冷战结束前夕的1988年到全球金融危机爆发时的2008年）不同群体的收入变化情况。他发现处于全球收入排位40%～60%区

---

① 〔美〕爱德华·萨义德：《东方学》，王宇根译，上海三联书店，2007。

② 〔法〕托马斯·皮凯蒂：《21世纪资本论》，巴曙松译，中信出版社，2014。

间的群体获利最大，20 年中平均收入增加了 80%，这个群体是“全球新兴的中产阶级”，主要位于亚洲的新兴经济体中；而最大的输家则是发达国家的中低收入阶层，他们的收入在 20 年中几乎没有增长。由此，美国的中下层（收入后 20% 的人群）同中国的中上层（收入前 20% 的人群）之间的差距从 1988 年的 6.5 倍缩小到 2011 年的 1.3 倍。① 如果中国、印度等新兴国家继续缩小同发达国家的差距，到 2050 年全球不平等将会主要表现为各国内部的富人和穷人之间的差距。②

2016 年美国总统大选体现的社会分裂是一个长时期积累的结果。精英们获得了更高的工资和投资收入，更丰富的商品选择，以及更国际化的生活方式，而底层民众则不得不因为跨国公司的离岸生产和外包而丧失就业机会和忍受贫困，同时还面对移民带来的日渐激烈的竞争和日益增加的恐怖主义威胁。这种全球社会的双重分裂，即在国内两极对立与国际上两极分化的情况，最终引发传统全球化走入困境，具体体现在以下三点。

第一，作为旧全球化核心发动机的美国及其全球霸权陷入“内卷化”困境。2001 年“9·11”事件是美国霸权历史的一个重要分水岭。一方面，“9·11”事件直接导致了美国发动阿

---

① Branko Milanović, *Global Inequality: A New Approach for the Age of Globalization*, Cambridge, M. A.: The Belknap Press of Harvard University Press, 2016, pp. 15 – 30.

② 郑宇：《全球化进程并未逆转》，《文化纵横》2016 年第 6 期，第 42 ~ 50 页。

富汗战争和伊拉克战争，从而对现有国际秩序造成严重冲击；另一方面，受“9·11”事件的影响，越来越多的恐怖组织开始仿效基地组织，自杀性恐怖袭击成为恐怖组织在此之后很长一段时间中普遍采用的一种行为方式。例如，根据马里兰大学全球恐怖主义数据库（Global Terrorism Database）的统计，1972～2012 年全世界范围共发生了 2456 起自杀性恐怖袭击，共造成包括恐怖分子在内的 24840 人死亡、56448 人受伤。[①] 其后，2008 年发源于美国的全球金融危机给西方世界造成了巨大的经济损失与心理创伤。它揭示了西方政治体制的根本性弱点，破坏了西方人固有的自信，使得“华盛顿共识”受到越来越多的批评与反思。许多西方民众对本国政治体制不再抱有任何幻想——尤其是当银行家们为自己订制高额奖金时，各国政府却在掏出纳税人的钱为银行纾困。国际金融危机使得新兴经济体的实力和国际影响力相对上升，美国则相对下降，特别是中美实力有接近的趋势。美国前财政部长、哈佛大学前校长萨默斯（Larry Summers）观察到，美国每 30 年生活水平翻一番，而中国过去 30 年间每 10 年生活水平翻一番。2008 年全球金融危机爆发后，许多大公司濒临破产，导致美国等许多国家经济萎靡不振和失业率居高不下。[②] 2011 年 10 月，“占领华尔街”

---

① 参见数据库网站，http://www.start.umd.edu/gtd/，登录时间：2017 年 9 月 2 日。

② Chase Foster, "Inequality, Occupy Wall Street, and the New Economic Paradigm: A Conversation with Larry Summers," *Kennedy School Review*, Vol. 12, 2012, pp. 94－97.

抗议活动呈现升级趋势，千余名示威者在美国首都华盛顿游行，并逐渐成为席卷全美的群众性社会运动。这次运动的口号是“99%对1%的抗争”。这一口号深刻揭示了“占领华尔街”行动的深层含义：美国金融危机根源于华尔街的贪婪、银行界的腐败和企业干涉政治；希望创建一个人人平等，而不是1%的富人占有一切的世界。面对内外交困的局面，2008年金融危机中诞生的第一个黑人总统巴拉克·奥巴马高喊“变革”的口号，美国愈加关注自己的国内建设，愈加不愿在美国之外“背包袱”。2017年1月20日，特朗普正式就任美国总统，他奉行所谓“有原则的现实主义”，宣扬和坚持“美国优先”。于是美国接连做出“退约”（退出TPP）、“筑墙”（在美国和墨西哥边境修建隔离墙）、“赶人”（移民禁令）等决策。二战以来，作为西方世界的核心地带，美国和欧洲自身发展走向的“不确定性”之高，可以说是前所未见。国际舆论对“特朗普冲击”也是一片悲鸣。

第二，旧有全球化的弊端日益凸显，但西方世界却很难拿出切实可行的应对方案。2008年全球金融危机彻底暴露出旧有全球化模式的弊病，逆全球化与地缘政治回归论、世界碎片论等悲观言论不断出现。不过，有学者认为后冷战时期国际格局的发展演变似乎既非全球化也不是逆全球化，而是向着无极、无序的方向转型。① 用“非极化”或“无极化”的视角看待冷

---

① 刘建飞：《论世界格局中的“非极化”趋势》，《现代国际关系》2008年第4期，第1～5页。

战后世界，也就是强调国际体系原有的大国“极”的结构正在分裂和碎片化，国际力量日趋分散。美国对外关系委员会主席理查德·哈斯（Richard Hass）最早提出“无极世界”（nonpolar world）的概念，认为：“21 世纪国际关系的主要特征是正在向无极转变，这是一个不是由一两个国家甚或是几个国家，而是由众多拥有并行使各种权力的行为体所主导的世界。”① 欧亚集团主席伊恩·布莱默（Ian Bremmer）更是以“零国集团”（G0）形容冷战后世界权力的碎片化，“G0”格局是指一个没有哪个国家或国家联盟愿意和能够持续发挥全球领导作用的世界。② “无极世界”强调传统大国政治开始向非大国转移。另外，旧全球化思维下的发展模式缺乏包容性。长期以来，世界经济虽然在经济全球化的推动下有了长足发展，各国都分享了经济全球化的积极成果，但是由于经济发展模式缺乏包容性，世界经济发展严重失衡。发达经济体凭借资本、技术和管理等方面的强大优势在国际经济关系中占据中心地位，广大发展中国家则处于外围和依附地位，中心与外围的关系是支配与被支配、剥削与被剥削的不平等关系，严重制约了发展中国家的发展。经济发展模式缺乏包容性使发达国家和发展中国家经济发展出现严重失衡，导致经济全球化出现停顿和逆转。2008 年以

---

① Richard N. Hass, “The Age of Nonpolarity,” *Foreign Affairs*, Vol. 87, No. 3, May/June 2008, pp. 44 - 56.

② 〔美〕伊恩·布莱默：《从 G8 到 G20 再到 G 零：为何无人愿意执掌新的全球秩序？》，《国外社会科学文摘》2013 年第 10 期。

后的五年时间里，全球贸易的增速低于全球 GDP 的增速。根据统计，2016 年全球跨境资本流动数额为 4.3 万亿美元，仅为 2007 年 12.4 万亿美元峰值的 1/3。[①] 这是二战以来第一次出现这种情况，或可被视为全球经济的一个转折点。

第三，世界秩序的不确定性增强，各国民众的焦虑感日益积累。全球金融危机使以美国为代表的西方利益集团陷入国内外战略沼泽地，美国全球领导的合法性、有效性和持久性越来越受到质疑。尽管现存国际秩序为二战后美国所主导确立，但今天美国已经很难完全主导这个国际体系，更多的只是被动地应付世界日新月异的变化，既没有意愿也没有能力来建构一个世界新秩序。美国著名政治评论家法里德·扎卡利亚（Fareed Zakaria）也在《后美国世界：大国崛起的经济新秩序时代》一书中认为当今世界正逐渐脱离美国的经济支配，迈进一个多元势力共同支撑的后美国世界。[②] 作为全球历史最悠久、规模最大和影响最广的安全和防务会议，2017 年慕尼黑安全会议（Munich Security Conference）的主题甚至被定为“后真相、后西方、后秩序”，与会西方代表明确感知到旧的国际秩序难以维系，需要确立新的秩序，但他们却很难清晰判断世界将向何处去，会场内外可以感受到某种张皇和探求的情绪。这种不确

① 唐南：《金融全球化的退潮：跨境资本流动减少》，FT 中文网，2017 年 8 月 28 日，http://www.ftchinese.com/story/001074001#adchannelID=2000。

② Fareed Zakaria, *The Post – American World*, New York and London: W. W. Norton & Company, 2008, p. 2.

定性体现在两方面。一方面，“逆全球化”声音高涨。全球化规则的不平等造成了“输者”与“赢家”的对立。利益受损者积极煽动民族主义情绪，试图利用恐慌和不确定性为自己争取利益。逆全球化（de-globalization）是指全世界各国及地区因为全球化而导致的相互依赖及经济一体化出现回退的过程。这一概念产生于2001年“9·11”事件对全球化造成的打击。在那之后逆全球化的观点日益增多，如“全球主义已经死亡”“正在沉没的全球化”“全球化意外地结束了”等。[①] 2008年全球金融危机使得由反全球化运动的领军人物瓦尔登·贝洛（Walden Bello）所提出的“逆全球化”概念也开始流行起来。[②] 另一方面，地缘政治风险加剧。[③] 自2008年以来大国之间的不信任程度陡升，乌克兰危机、克里米亚危机、朝鲜核危机、美国“重返亚太”、中东恐怖袭击等传统地缘政治问题层出不穷，“新冷战”似乎正在打响。[④] 而且一些局部战争或恐怖主义事件、民族主义排外运动、街头骚乱与移民歧视现象也日益增多。[⑤] 正如基辛格曾警告的那样：“导致国际秩序危机的

---

① Jayshree Bajoria, "The Dangers of 'Deglobalization'," *Council on Foreign Relations*, March 16, 2009, http://www.cfr.org/immigration/dangers-deglobalization/p18768.

② 〔英〕罗兰·罗伯逊、〔英〕扬·阿特·肖尔特：《全球化百科全书》，王宁译，译林出版社，2011，第292页。

③ 〔法〕罗朗柯恩·达努奇：《世界是不确定的：全球化时代的地缘政治》，吴波龙译，社会科学文献出版社，2009，第32~35页。

④ Robert Legvold, *Return to Cold War*, Cambridge: Polity Press, 2016.

⑤ 徐彪、庞清辉等：《曾经风光无限的全球化褪色，去全球化悄然开始》，和讯网，http://opinion.hexun.com/2016-08-14/185502326.html。

一个基本原因是，地缘冲突的回归，使得它不能适应权力关系发生的重大变化。”①

二　“再全球化”的概念界定

随着西方国家的孤立主义情绪高涨，全球化进程受挫，但是暂时的全球化低潮并非意味着全球化的终结。在由新兴国家构成的全球化新兴力量中，中国无疑成为支持和促进全球化的新动能。全球化没有停止，更没有逆转，而是转换了一种形态，开始以新兴国家为中心，开始从底层即发展中国家立场思考经济与社会的相互嵌入问题。长期以来，中国、印度、巴西、俄罗斯、南非等新兴经济体为了融入西方经济秩序，不断进行国内改革。而当西方经济体系出现危机时，这些国家又启动了对西方规则的再塑造，这是500年内从来没有遇到过的情况，即全球化开始由发达国家推动转向由发展中国家，特别是新兴国家推动。这也是为什么金砖国家会议、二十国集团会议能够如此吸引世界的目光的原因之一。尽管西方仍处于国际体系的核心位置，但是引领改革趋势的却不是这些核心国家，而是那些曾经处于体系边缘而今崛起为新兴力量的国家，这体现了全球化动能从发达国家向发展中国家的转化。

本文提出的“再全球化”是指以中国为代表的新兴国家对

---

① 〔美〕亨利·基辛格：《世界秩序》，胡利平等译，中信出版社，2015。

全球化进程的改革，以及这种改革所产生的模式升级与扩容效应。传统的全球化以“中心—外围”经济结构为基础，发达国家与外围国家之间的工业制成品与原材料贸易所造成的“剪刀差”构成全球化不公平的根源之一。而当新兴国家全面崛起，中国成为发达国家和发展中国家的最大贸易伙伴时，全球化的“二元格局”将演变成“三元格局”，即发达国家—新兴国家—外围国家相互联通的状态。这种三个世界的互联互通将超越高层全球化与低层全球化的对立，缩小中心—外围之间的等级差距。之所以用“再”而非“新”来界定当前的“全球化”进程，是因为中国等新兴国家所推动的全球化扩容并非完全另起炉灶，而是通过内部改革来升级现有国际架构，是中国嵌入式崛起的一部分。

首先，“再全球化”的形态，由经济导向的全球化走向政治导向的全球化，由高层全球化格局走向低层全球化格局。自2008年以来，全球化的形态由以前的经济全球化为主导开始转向经济与政治全球化相互塑造的阶段。换言之，人们不能仅仅依据经济学家的理论模型来理解全球化的力量，因为在每一个贸易数字增长的背后都隐藏着诸多行为体之间的利益冲突，这些被掩盖的政治纬度，而今完全被暴露在聚光灯下，这也是特朗普当选美国总统、英国公投退出欧盟，以及法国年轻总统马克龙当选的重要原因。经济全球化撕裂的西方社会，造成了占据人口多数的底层民众开始“自我革命”，他们通过选票告诉传统的高层全球化受益者们，他们很愤怒，因为低层全球化的世界正变得满目疮痍。由此，高层（大资本家、财团与受过高等教育的精英）全球化与低层（小商贩、普通移民、蓝领工人、失业者）全球化之间的矛盾被公开展示出来，处于低层全球化世界中的人们高喊自己是受全球化损害的“99%”，而那些处于高层的所谓精英们则是获得了全球化红利的“1%”。全球金融危机的爆发加剧了高层全球化与低层全球化的对立。我们回顾2016年美国大选时，不会忘记一位75岁高龄的美国老人伯尼·桑德斯。作为民主党的非典型总统候选人，桑德斯毫不掩饰地表示：民主党是时候该做出一些改变了。而民主党无法与美国工薪阶层有效对话的事实也让他这个草根出身的民主党人深感羞愧。桑德斯被认为是与另一位美国民主党总统竞选者克林顿·希拉里完全不同的候选人，他反对精英统治，主张对高层全球化进行彻底改造。在竞选中，他坚决抵制金钱对政治的影响和富人垄断民主，因而从来不接受大财团捐助的竞选经费，而是从普通支持者那里接受小额捐款。桑德斯近一亿美金的竞选经费里，平均每人捐款34美元，和希拉里的人均2700美元形成鲜明对比，掀起了一场名副其实的“草根运动”。①

桑德斯极力主张公立大学学费全免，降低学生债务并阻止联邦政府从学生的助学贷款中获利。同时，他提倡更加广泛的全民医保，提高最低工资标准和工会的影响力。而特朗普的经

① 《勿忘桑德斯》，《北美留学生日报》2016年11月21日。

济政策的核心逻辑在于通过减税、贸易保护等方式引导产业回迁本土，增加就业岗位。民主党的草根代表桑德斯与共和党的竞选人特朗普都代表了全球化经济导向的褪色，代表了长期处于被剥夺感中的中下层民众终于站出来发声了。桑德斯与特朗普所采取的施政纲领就是维护草根阶层利益，将全球化由完全的经济主导，转变成政治主导。因此，美国的贸易保护主义倾向越来越突出，国内的种族冲突、保守思想也随之沉渣泛起。简言之，“再全球化”不是推倒全球化，而是翻转全球化，将由大资本家主导的经济全球化格局转变为由底层草根民众主导的政治全球化。现在我们看到的西方乱象，就是这两种全球化力量的博弈过程。如果我们用思维图示来展现，那就是99%的人希望“变革”由1%的人主导的全球化利益分配结构，而“变革”这个简单的词语却能将一个黑人第一次推上美国总统的位置，这个黑人总统就是奥巴马。但是遗憾的是，奥巴马的变革计划受到既得利益集团的强力阻击，因此一个升级版的、更加反建制、非主流的总统特朗普开始接手美国，他想让“美国再一次强大”，其实他的真实含义是“让底层民众再一次强大”，让底层全球化再一次强大（参见图4）。

其次，西方大国参与全球化的意愿与能力下降，再全球化的动力由传统大国转向新兴国家。2008年全球金融危机以后，以美国为代表的西方国家陷入不同程度的孤立主义泥潭之中，自顾不暇，而以中国为代表的新兴国家对全球治理的参与度越来越高，这种“一降一升”给全球化注入了新的动

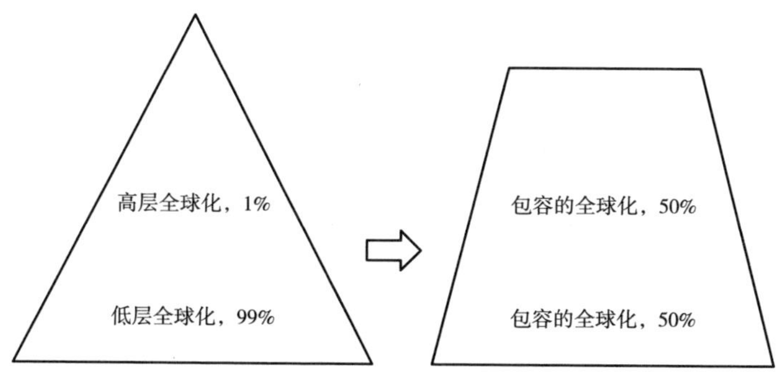

图 4　再全球化的形态转变：从垂直化到扁平化

资料来源：笔者自制。

力。新兴经济体的崛起在 2008 年前后异常明显，这些国家曾经长期处于全球化的边缘或半边缘地带，如今开始走向舞台中央，与西方占据主导地位的高层全球化不同，这些新兴国家代表整体发展中国家的利益诉求，因此是低层全球化在国际关系中的映射。2001 年，高盛首席经济学家吉姆·奥尼尔提出了“金砖国家”这一概念，中国、印度、俄罗斯、巴西四个新兴市场国家引起全世界的关注。2009 年四国领导人在俄罗斯会晤，金砖国家合作机制正式启动。2010 年，金砖国家将南非纳入，首次完成扩容，由“金砖四国”（BRIC）变成“金砖五国”（BRICS）。金砖国家在经济、金融、安全、环保等全球治理各方面的合作成果显著，有力地推动了全球治理体系向着更加公平合理的方向发展。根据数据统计，2010～2016 年，全球贸易平均增速为 4.2%，中国平均对外贸易增速高达 8.4%（美国为 5.2%），印度为 7.3%，俄罗斯为 5.6%，巴西为3.7%，南非为3.5%。2016年，金砖国家贸易总额达5.2万亿美元，占世界贸易总额的17.7%，在世界贸易格局中的地位不断上升。这得益于金砖国家贸易额在全球贸易额中的比重稳步提升，尤其是中国对外贸易额2016年占世界的12.4%，已超过美国（12.3%），印度占2.1%，俄罗斯占1.6%，巴西占1.1%，南非占0.5%。随着未来金砖国家经济转型，其对外贸易将进一步稳步增长。[①] 根据预测，2026年金砖国家的贸易额将达到12.8万亿美元，占全球贸易额比重将上升至24.8%，10年平均增速达到9.1%，仍高于全球贸易平均增速6.0%，将继续发挥全球贸易增长的“引擎”作用。

金砖五国在世界上的分量主要体现在两个层面。其一，五个国家的人口总数加起来占到了世界的41.2%（参见图5），这是一个极为庞大的劳动力市场，更是一个广阔的新兴消费市场。目前，中国已经成为全球中产阶级人口数量剧增的主要驱动力之一。如果中国经济增长保持现有趋势，那么到2030年中国中产阶级人口数量将达到国内总人口的75%，这将是撼动世界的一个数字。美国全国情报委员会预测，到2020年全球中产阶级总人口将增长至32亿人，到2030年这一数字更将高达49亿人左右。[②] 在这个迅猛增长的趋势中，以中国、印度等

① 唐新华：《“金砖国家”贸易大数据分析》，《开发性金融研究》2017年8月30日。

② U. S. National Intelligence Council, *Global Trends 2030: Alternative Worlds*, 2012, https://www.dni.gov/files/documents/GlobalTrends_ 2030.pdf, p. 9.

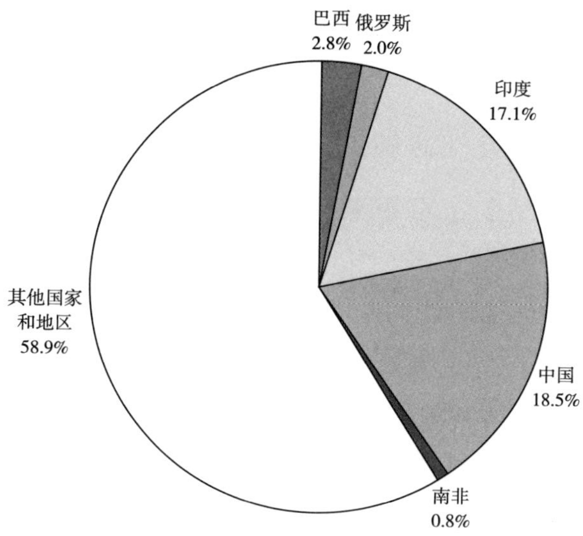

图 5　2016 年金砖国家人口占世界人口比重

资料来源：国家统计局：《金砖国际联合统计手册 2017》，中国统计出版社，2017，第 46 页。

为代表的亚洲新兴市场将占大部分份额。预计到 2020 年，中国与印度的中产阶级人数合计将占世界总量的 66%，其带动的消费也将占到全球的 59%，而这一数字在 2009 年仅仅只有 23%。[①] 这种来自中产阶级的消费需求释放将与中国走向全球的步伐一致，未来 10 年中国消费者的力量将进一步迸发，成为支撑全球经济的重要力量。这些看似商业领域的巨大潜力，一旦对全球消费观念、消费方式、消费偏好等产生影响，那么也将对全球治理带来深刻影响。中国的人口红利将成为全

① Homi Kharas, *The Emerging Middle Class in Developing Countries*, Brookings Report, January 31, 2010, p. 28, https://www.brookings.edu/research/the-emerging-middle-class-in-developing-countries/.

球经济治理中不能忽视的力量。其二，金砖五国之间的经济往来与增长潜力巨大。[①] 在国际贸易保护主义抬头的大背景下，金砖国家间及金砖国家与其他各国的贸易网络在进一步深化拓展，贸易额正在重新恢复快速增长态势，贸易关系也越来越密切，金砖国家与全球的贸易网络互动紧密度在快速增加，中国在金砖国家贸易网络中始终发挥着“领航者”的作用。

最后，新兴国家通过主动供给公共产品，发挥全球治理的桥梁作用，填补低层全球化与高层全球化之间的鸿沟。在再全球化时代，世界权力转移的方式将越来越和平，获取世界领导地位的方式将是供给公共产品而不是大国战争。[②] 当新兴大国主动欢迎弱小国家“搭便车”的时候，就在霸权国所主导的旧体系之外，开辟了一种新型供给公共产品的治理路径，这是一种新老治理结构共存并进、分工协作的模式，世界都将会在权力转移的公共产品供给竞争中获益。这是一种时代主题的转换，即崛起国与霸权国共同治理，和平共处，而不是以武力相互征服。近年来，中国成为国际秩序的维护者和经济全球化的积极支持者。目前，中国是全球第二大经济体，第一大贸易国，众多初级产品的最大买家，世界120多个国家的最大贸易

---

① 国家统计局：《金砖国际联合统计手册2015》，中国统计出版社，2015。

② Marie T. Henehan and John Vasquez, “The Changing Probability of International War, 1986 – 1992,” in Raimo Vayrynen ed., *The Waning of Major War: Theories and Debates*, London and New York: Routledge, 2006, p. 288.

伙伴国。2016 年中国经济一枝独秀，对亚洲经济增长的贡献率已经超过 50%，对世界经济增长的贡献率高达 33.2%，超过美、欧、日贡献率总和，位居世界首位。[①] 在国际关系理论中，霸权稳定论常常将霸权国及其伙伴集团描述成世界稳定的基石，认为在世界性危机面前只有霸权国才有能力与意愿主动供给全球公共产品。[②] 该理论的代表人物查尔斯·金德尔伯格（Charles P. Kindleberger）就将霸权视为“世界政府”的翻版与替代品。[③] 但是这种逻辑没有讨论国际权力转移对全球公共产品供给的影响，特别是低估了新兴国家的治理能力与意愿。2014 年 8 月，习近平主席出访蒙古时明确表示：“欢迎大家搭乘中国发展的列车，搭快车也好，搭便车也好，我们都欢迎。”[④] 在随后举办的 APEC 北京峰会上，习近平主席多次阐明：“中国愿意通过互联互通为亚洲邻国提供更多公共产品，欢迎大家搭乘中国发展的列车。”[⑤] 就在达沃斯世界经济论坛主席克劳斯·施瓦布（Klaus Schwab）2017 年初说“（中国）为

---

① 《数据显示：近四年中国对世界经济贡献率超欧美日总和》，《经济日报》2017 年 9 月 2 日。

② Mancur Olson Jr. and Richard Zeckhauser, “An Economic Theory of Alliances,” *The Review of Economics and Statistics*, Vol. 48, No. 3, 1971, pp. 266 – 279.

③ 〔美〕查尔斯·金德尔伯格：《1929 ~ 1939 年世界经济萧条》，宋承先、洪文达译，上海译文出版社，1986，第 12 ~ 20 页。

④ 习近平：《欢迎搭乘中国发展的列车》，新华网，2014 年 8 月 22 日。http: //news. xinhuanet. com/world/2014 – 08/22/c_ 126905369. htm。

⑤ 习近平：《中国愿为国际社会提供更多公共产品》，人民网，2016 年 9 月 3 日，http: //politics. people. com. cn/n1/2016/0903/c1001 – 28689064. html。

我们带来了阳光，……使我们对未来更有信心”[①] 的时候，美国及其伙伴国正忙着“砌墙”将全球化挡在门外，于是在金融危机的阴霾中中国承诺供给国际公共产品，就显得格外难得。纵观历史，新兴大国供给全球公共产品的事例并非少数，但是西方主流学界往往将目光聚焦在霸权国身上，却忽视了潜在的新兴国家的供给能力与意愿。时至今日，美国依然是世界第一强国，中国还是一个发展中国家，为何全球实力最强的霸权国越来越不愿意承担责任，而新兴国家却成为全球治理的积极参与者？从供给动因看，欢迎他国搭便车既是维护自身利益，也是维护全球化进程的重要举措，是中国将崛起红利分享给世界的积极行为。

三　全球化的四种类型

著名英籍哲学家卡尔·波拉尼认为政治行为总是与社会制度密不可分并嵌入其中，在全球化时代互动的政治维度将深刻“嵌入”在经济维度之中。[②] 但是原本嵌入在政治框架内的经济发展如果过分脱离就会出现“脱嵌”（disembedding）危机，则这样必将对社会结构带来破坏性。因此，从这个角度来看：

① 《世界经济论坛主席施瓦布：习主席的讲话为我们带来了阳光》，新华网，2017 年 1 月 17 日，http：//news. xinhuanet. com/world/2017 – 01/17/c_129451023. htm。

② 〔英〕卡尔·波拉尼：《大转型：我们时代的政治与经济起源》，冯钢、刘阳译，浙江人民出版社，2007；刘阳：《突破限制，重新探索人类生活的可能性：卡尔·波拉尼的〈大转型〉》，《社会科学报》2010 年 12 月 14 日第 10 版。

2008 年全球金融危机之后的政治秩序存在的根本问题就在于政治全球化与经济全球化的相互脱嵌。从“嵌入”视角看，新旧制度的转化可以概括为“脱嵌”和“再嵌入”两个连续的过程，即旧的全球化体系陷入困境后，通过积极主动的改革，可以重构政治与经济之间的关系，以实现在新基础上的“再嵌入”。政治—经济二元关系模式有助于我们理解全球化为何脱离良性轨道，又如何打开改革的缺口。目前在全球化旧引擎出现问题时，全球经济增长与全球化的重任就转移到以中国为代表的新兴国家身上。在由中国参与引领的全球化进程中，全球化规则将发生深刻的再调整，不同的行为主体将重新构建符合自身偏好的全球化进程。

在逻辑上，根据全球经济开放程度与全球政治的和谐程度，全球化形态可以划分为四种类型，每种类型的动力机制差异较大（参见图 6）。

		全球政治和谐程度	
		低	高
全球经济开放程度	低	(Ⅰ)封闭型(冷战时期)	(Ⅲ)脱嵌型(2008～2013 年)
	高	(Ⅱ)内卷型(2001～2008 年)	(Ⅳ)包容型(2013～?)

图 6　全球化的四种形态

资料来源：笔者自制。

类型Ⅰ：封闭型全球化形态。这是一种极端的状态，全球经济相互分离，政治上缺乏必要的协调，因此导致的结果就是整个世界被分割成支离破碎的部分，世界回归到以民族国家为中心的重商主义时代，从流动性上看也几乎处于低速的运动状态。这种全球化形态可以说不是一种完全意义上的全球化。从历史上看，冷战期间的东、西方阵营对垒就是一种封闭式的全球化状态。整个世界一分为二，两大阵营相互对峙，彼此也没有开放市场。两种经济制度并存的世界经济分界线最初由军事分界线划定，但军事分界线很快变为政治分界线，并最终由政治分界线划定，这特别清楚地表现在欧洲和德国的分裂上。此外，还表现在世界性经济组织中，苏联、中国等国退出国际货币基金组织和世界银行，也不参加关贸总协定。基于意识形态，东、西方两大阵营将全球分割成两半，双方的政治经济互动都缺乏足够的协调性，以至于全球化进程几乎停滞。1938 年东欧国家对西欧国家出口占总出口额的 68.4%，而 1953 年仅占 14.4%。世界市场的割裂加强了 20 世纪 50 年代初世界经济发展的疲软性。随着“两个平行市场理论”的实践和冷战的进行，社会主义国家以苏联模式为主导的高度集中的计划经济体制弊端逐渐显现，严重影响了社会主义国家在世界市场上的国际经济竞争力。[①] 当然，这一时期低水平的全球化也带来一个意想不到的结果，那就是两个市场的分裂有助于各自内部的区域整合。经济上的两个平行市场，促使相互对抗的东西方两大集团都高度地

---

① 叶江：《大变局：全球化、冷战与当代国际政治经济关系》，上海三联书店，2004，第 107 页。

加强各自内部的协调，而这种高度协调在分割世界的同时又为未来世界市场的一体化奠定了基础。二战后一个分散的世界，因为冷战而凝聚成两个区域、两大板块，距离两大阵营合二为一只剩下最后一步。

类型Ⅱ：内卷型全球化。“内卷化”（Involution）概念由美国人类学家吉尔茨（Clifford Geertz）提出，是指一种社会或文化模式在某一发展阶段达到一种确定的形式后，便停滞不前或无法转化为另一种高级模式的现象，取而代之的是内部不断地变得更加复杂，即系统在外部扩张条件受到严格约束的背景下，内部不断精细化和复杂化的过程。[①] 简单来说，全球化的“内卷化”危机是指全球互动处于“没有发展的增长”状态，就像一个卷心菜不断内卷。第一次世界大战与第二次世界大战之间的 20 年时间就处于这样一个状态。当时的国际格局中，美国实力超群，大英帝国衰落，但是崛起的美国与德国却并没有及时承担全球治理的责任，直到二战德国战败。这样一个政治上没有霸权国，但是经济上相对开放的时代我们称之为全球化的内卷阶段。用诗人马修·阿诺德的话来形容，1914 年大英帝国开始显现出“疲倦的巨人”的迹象；联合王国的注意力为亚洲和非洲的新旧任务所分散，作为“世界警

① Clifford Geertz, *Agricultural Involution: The Processes of Ecological Change in Indonesia*, Los Angeles and Berkely, C. A.: University of California Press, 1969.

察”，它的巡逻范围实在太大了。[①] 与此类似，冷战结束后美国对外政策的扩张性突出，在有些学者看来霸权负担过重也正使美国走向衰弱。他们指出，“9·11”事件不仅预示着美国实力开始走向衰败，而且说明美国越是试图称霸世界，建立新帝国，美国实力衰落得就会越快。譬如，伊曼纽尔·沃勒斯坦直言：“老鹰已经坠地。”[②] 美国乔治城大学教授查尔斯·库普乾则着重从美欧关系角度来讨论美国的衰落及欧洲的崛起。他认为世界向多极转化是不可避免的，美国对世界的主导大概还能持续 10 年。如果美国当政者意识到这一点，明智的做法是设计一种自由世界的秩序，以适应欧盟及中国等势力的崛起，而不要一意孤行地维持美国对世界的统治。[③] 2001 年的“9·11”事件在某种程度上象征着美国霸权地位的衰落，但是直到 2008 年前世界上几乎没有新兴大国站出来主动承担全球治理责任，而这段时间中国仍然坚持“韬光养晦”战略，集中力量发展国内经济，而对外部世界的治理则采取相对超脱的态度。

---

① Aaron L. Friedberg, *The Weary Titan*: *Britain and the Experience of Relative Decline*, 1895 - 1905, Princeton, N. J.: Princeton University Press, 1989; Niall Ferguson, “Sinking Globalization,” *Foreign Affairs*, 2005, Vol. 84, No. 2, pp. 64 - 77.

② Immanuel Wallerstein, “The Eagle Has Crash Landed,” *Foreign Policy*, July/August 2002, pp. 60 - 68; Immanuel Wallerstein, “Shock and Awe?” Fernand Braudel Center, Binghamton University Commentary, No. 111, April 15, 2003.

③ Charles Kupchan, *The End of the American Era*: *U. S. Foreign Policy and the Geopolitics of the Twenty - first Century*, New York: Alfred A. Knopf, 2002.

类型Ⅲ：脱嵌型全球化。这个时期，全球政治经济失调，是一个有霸权、有政治协调，但是全球力量分化的时代。在2008年到2013年，传统霸权国与新兴国家之间的战略关系发生了重大变化。最典型的事例是中美两个大国之间的战略信任发生了重大转变。2009年9月美国常务副国务卿斯坦伯格在演讲时首倡中美"战略再保证"（strategic reassurance），表示美国在保护本国利益的同时，也要适应中国的崛起。"战略再保证必须设法突出和强调中美两国间共同利益之所在，同时以直接的方式着手化解不信任产生的根源，无论它是政治的、军事的还是经济的问题。……美国和盟国不会遏制中国，相反，我们欢迎中国作为一个繁荣的大国崛起。但是，中国也应设法让其他国家放心，保证其发展和壮大不以他国的安全和幸福为代价。"① 奥巴马时期的对华政策经历了两个阶段：2008年到2010年上半年，重点推进中美合作，希望建立战略稳定关系，以换取中国在诸多美国关切议题上的合作，如2008年全球金融危机之后的全球经济治理问题等；从2010年开始，奥巴马政府的对华政策转变为从政治、经济和军事等方面高度强调"重返亚洲"。中美关系在哥本哈根气候峰会、谷歌事件、美国对台军售、奥巴马会见达赖喇嘛、南海问题等一系列事件后持

① Kelly Currie, "The Doctrine of 'Strategic Reassurance'," *The Wall Street Journal*, October 22, 2009; James Steinberg and Michael O'Hanlon, *Strategic Reassurance and Resolve: U. S. – China Relations in the Twenty – First Century*, Princeton, N. J.: Princeton University Press, 2014.

续走低。2014 年的美国《四年防务评估报告》提出，美军把“亚太再平衡”放在首位，并采取一系列措施强化在亚太的军事部署，在 2020 年前将美国海军作战舰艇的 60% 部署在亚太地区。[①] 中美两国的战略互疑，在一定程度上反映了全球化带来的“再分配”效应使得两个大国之间的合作越来越充满竞争性与不信任感。

类型Ⅳ：包容型全球化。这一阶段，是十八大新一届领导层就任以来，全球化动能从美国转移到中国，以习近平为核心的党中央倡导“奋发有为”对外政策，在全球化进程陷入困境的情况下，积极推动经济全球化朝着更加开放、包容、均衡、普惠、共赢的方向发展。再全球化的包容性强调关注每个不同角色的独特功能。世界权力不再由一个中心主导，而是出现新老权力结构的共生互嵌。再全球化的包容性体现在以新兴国家为主的低层全球化开始与以传统发达国家为代表的高层全球化之间相互交织，不仅在经济上更加注重平等性与可持续性，在政治上也强调协调共商。约瑟夫·奈曾将世界政治的现有结构比作“复杂的三维棋局游戏”，棋盘有三层，顶层代表军事权力，它在很大程度上是单极的，并且在一段时间内会保持这种状态；中间层是已经多极化的经济权力；底层则是由跨国活动构成。全球社会运动、恐怖分子集团等非国家行为体很大程

① U. S. Department of Defense, *Quadrennial Defense Review* 2014, Washington, D. C., March 4, 2014, p. 34.

度上在政府管控之外运作。在底层，权力处于混乱的分散状态。这种看法已经开始超越极化思维。同样，我们也可以把再全球化世界看成一个去中心的多维体系。著名国际关系学者阿米塔·阿查亚把这种去中心的网状化局面称为“多元世界秩序”，就像一个多厅影院，在一个可以容纳多个电影剧场的共同建筑里，人们选择不同风格与主题的影片，因此获得不同的叙述结构与互动关系。这不是一个垂直的等级结构，而是一个多维平行的“复合世界”——一个更加地区化（不同影厅）和多元化的秩序——去中心的世界，但由网络和制度联系在一起。①

上述四种全球化格局的类型划分，着眼于全球化的经济逻辑与政治逻辑两个线索，主张只有将政治与经济兼顾考虑，才能真正看清楚全球化的本质，并了解其可能带来的红利与危害。传统的全球化文献，要么只是关注了其经济维度的一体化与扁平化趋势（以托马斯·弗里德曼的《世界是平的：21 世纪简史》为代表），要么过度忧心全球化互动的政治冲突与全球断层线（以塞缪尔·亨廷顿的《文明的冲突》为代表）。但是本书倡导综合性分析架构，将政治与经济相互关系作为重点，当政治与经济都呈现弱势趋势时，全球化必然走向低潮，甚至中断；当政治与经济两者不协调，即其中一个维度处于强

① 〔加〕阿米塔·阿查亚：《美国世界秩序的终结》，袁正清、肖莹莹译，上海人民出版社，2017，第 5 ~ 25 页。

势，另一个维度处于弱势时，那么这时的全球化发展便是失衡的，尽管全球化整体不会停滞，但是会引发越来越多的治理难题，以至于改革的呼声会越来越高。2001 年的“9·11”事件暴露出自由主义全球化的表面繁荣下面隐藏着巨大的政治危机，尽管世界扁平了，但是文明也出现了分裂。我们将此概括成内卷型全球化与脱嵌型全球化，特别是 2008 年全球金融危机的全面爆发，将政治改革与经济改革的两大任务交叠在一起，使得世界滑向失序，“黑天鹅”事件也层出不穷。所幸的是，当霸权国与西方世界全面收缩时，中国作为新兴国家和发展中国家的代表开始积极承担全球治理责任，为全球稳定贡献自己的思路与方案。这种方案不同于西方传统自由主义秩序的方案，而是在延续基础上进行创造性革新，致力于深入调整全球化结构和动力机制。尽管这一调整的过程是漫长的，正如中国传统中医的治病药方，或许没有西医如此见效明显，但是能治理根本，调理经脉，培根固元。中国当前对全球化改革的主张依然是有限度的，但是这个过程已经开启，在这个循序渐进的改革过程中，我们最终将能看到一个烙着鲜明中国特征的新的全球化格局。长期以来，中国的改革主要集中于国内，改革开放的重点在于改革，开放是服务于改革的重要方式，中国通过改变自己影响了世界。但是，当中国国内改革取得显著成绩，特别是经济实力突飞猛涨后，世界秩序却陷入困境。中国要在国内治理与全球治理两个方面取得重大突破，就需要引领再全球化进程，对现有的西方自由主义秩序进行扩容与升级，吸纳更多的新兴国家力量，同时实现新老机制的有效融合。简而言之，当前的再全球化进程是中国越来越占据主导地位的改革进程，致力于将政治全球化与经济全球化两个维度协调起来，促进国内与国际、低层与高层全球化的包容共生，实现网络化的多中心治理。

第三章　包容性发展与互联互通思维

以家为乡，乡不可为也。以乡为国，国不可为也。以国为天下，天下不可为也。以家为家，以乡为乡，以国为国，以天下为天下。

——《管子·牧民》

一花独放不是春，百花齐放春满园。

——习近平2013年《在博鳌亚洲论坛年会上的主旨演讲》中引用古文

站在新的历史高地上，在包括中国在内的新兴经济体和发展中国家推动下，新一轮再全球化的画卷正在徐徐展开。2008年全球金融危机后世界面临旧版全球化和西方自由主义秩序失灵的挑战。在这种背景下，中国积极推动新的一轮再全球化扩容，这种扩容不是另起炉灶，推翻现有国际秩序，而是从内部改革与升级现有国际秩序架构。就像一辆曾经奔驰旷野的越野车如今开始废旧，司机无法驾驶顺畅，整车人跟着一起颠簸一样，他们中间会有新的声音质疑与反思现在的困境，并让大家开放讨论：是选择继续带着这个老爷车颠簸在没有希望与激情的老路上，还是一起下车拿起工具去重新修理这辆车，对其润滑加油、去锈除尘，甚至必要情况下提高发动机的功率与性能，通过共同参与的改造，让全球化这辆大车再次焕发生机，整车人又可以朝着新目标一路驰骋，而司机可以继续是以前的司机，也可以产生新的司机，甚至新老司机轮流驾驶。这一故事预示着整个人类应努力调整思路适应新的环境，适应新的再全球化浪潮。①

一　中国崛起的“包容性”哲学

中国人的传统思维包含深刻的包容哲学，认为万物和谐一家，方能实现天下大同。与西方的思维不同，那种不给彼此空间的零和式的竞争往往难以带来长久的和谐。儒家思想强调关系亲疏的差序格局，即便对在关系网络外围的陌生人也应尽量给予包容和接纳。② 在家庭内外，人际交往的最高指导原则是“和为贵”，个人必须尽力和熟人保持和谐、良好的关系。“仁”虽是两人交往的原则，但在“仁”的基础上坚持“亲亲”，③ 就

---

① 张宇燕：《再全球化浪潮正在涌来》，《世界经济与政治》2012 年第 1 期，第 1 页。

② 费孝通：《乡土中国，生育制度》，北京大学出版社，1998，第 29 ~ 30 页。

③ 《说文解字 · 人部》云：“仁，亲也。”《孟子 · 尽心上》：“仁也者，人也。合而言之，道也。从人从二。”“仁”即政治，良好的政治就是“亲亲”。仁者爱人的方式有两种：一是积极原则，“己欲立而立人，己欲达而达人”；二是消极原则，“己所不欲勿施于人”。参见徐建新《天（转下页注）

可将两人和谐关系推广至整个群体，也就有了“自己人”的概念。[①] 投射到国际关系中，儒家关系主义认为最好的世界秩序是“四海一家，天下大同”，它把社会关系和国际关系统统隐喻成一种具有家庭色彩的感情联系。天下主义也正是一种“以身观身，以家观家，以乡观乡，以邦观邦，以天下观天下”的世界政治设计。[②] 由此，与西方学者常常将国际体系隐喻为一个“市场”不同，儒家关系主义将世界隐喻为一个“家庭”，家庭里面有利益关系，更有亲情关系，彼此遇到矛盾冲突时尽量“大事化小”、求同存异，同时追求整体和谐是家庭的根本利益所在。[③] 中国对再全球化的包容性思维，有助于超越当前西方主导的所谓自由主义秩序。例如 2017 年 5 月北京召开的“一带一路”国际合作高峰论坛所使用的会标，犹如中国传统文化中的阴阳交会的图案，在一个没有棱角的圆形标识中蓝色

（接上页注③）下体系与世界制度：评〈天下体系：世界制度哲学导论〉》，《国际政治科学》2007 年第 2 期，第 124 页；徐雨飞：《中国政治哲学中的“天道仁礼”与中国外交战略》，《当代亚太》2014 年第 1 期，第 124～153 页。

① 〔加〕安乐哲：《和而不同：中西哲学的汇通》，北京大学出版社，2009；〔美〕郝大维、〔加〕安乐哲：《汉哲学思维的文化探源》，江苏人民出版社，1999；Hung - Ming Ku，*Spirit of the Chinese People*：*With an Essay on* “*The War and the Way out*”，Peking：The Peking Daily News，1915。

② 《论语》曰：“君君、臣臣、父父、子子”之名分秩序（《论语·颜渊》十三经注疏）。参见张启雄《中华世界秩序原理的源起——近代中国外交纷争中的古典文化价值》，载吴志攀等编《东亚的价值》，北京大学出版社，2010，第 115 页。

③ 秦亚青：《关系与过程：中国国际关系理论的文化建构》，上海人民出版社，2012；Chiung - Chiu Huang and Chih - yu Shih，*Harmonious Intervention*：*China's Quest for Relational Security*，Farnham：Ashgate，2014。

代表海洋，黄色代表陆地，两者相互环抱，彼此共依，传递出世界携手共进的包容精神（参见图 7）。中国崛起的包容性哲学将为“再全球化”提供哲学和价值基础。具体有两个方面。

图 7　“一带一路”国际合作高峰论坛会标所传递的包容精神

资料来源：新华网。

首先，坚持“和为贵”理念，而非“赢为贵”理念，有助于调和全球化政治与经济矛盾，调和国内与国际矛盾。经济自由是强者的利器，而政治抗议则是弱者的武器。目前西方自由主义秩序所主导的全球化进程表面上看是公平的、自由的，但实际上是强者胜出、弱者受损的竞争性格局，将高层“赢者”与低层“输者”分裂对立起来。在有限的资源条件下，全球化胜利者为了维护既定利益。必将通过规则优势保护自己的收益，但由于制度的长期性与稳定性，这种阶层差异将长期被固定下来，“输者”要想改变自己的不利地位将是极为困难的，因为它需要反对的不是某些个体，而是庞大成体系的国际制度。在新自由主义者看来，国际制度尽管有助于降低交易成本、促进信息沟通以及避免暴力竞争，但实际上任何制度本身都是“非中性”的。[①] 当前的全球化存在高层全球化与低层全球化的结构性矛盾，那些掌握国际规则制定权与全球化竞争规则的发达国家，不可避免地会将自己的偏好融入国际制度之中。这种无形的规则控制，导致了外围国家与发展中国家长期在全球化红利分配上处于劣势。因此，世界上虽然存在大量勤奋努力的行为体，但是它们往往却难以获得公平的待遇和结果。这种不平等长期以来积累的怨恨，如今已经在欧美国家内部蔓延，同时也在全球政治经济改革过程中爆发出来。越来越多的新兴国家团结起来，共同向发达国家争取更加公平合理的国际政治经济秩序。面对似乎难以调和的零和竞争，中国智慧的韧性与协调性优势逐渐展现了出来。早在新中国成立之初，中国就提出了获得大部分国家认可的“和平共处五项原则”，即互相尊重主权和领土完整、互不侵犯、互不干涉内政、平等互利、和平共处。这是在冷战非黑即白的对峙氛围下，中国提出的宝贵国际规范倡议，影响至今。当然，在今天日益相互依赖的全球化时代，对国家之间是否依然应恪守互不干涉内政原则还存在争议，但是和平共处五项原则所展示的包容精神，能为新一轮国际体系改革提供动力。

其次，包容性哲学反对零和式、等级式国际关系竞争，致力于发挥每个国家的特长，激发主动合作的热情。儒家包容性

---

① 张宇燕：《利益集团与制度非中性》，《改革》1994 年第 2 期，第 97 ~ 105 页。

观点追求的是混合性的、长远的、整体性利益。“来而不往，非礼也”，互惠思维贯穿了中国人几千年的“交”和“往”实践。由于中国是东亚文化圈的发源地，“礼尚往来”的关系概念自然也随中国文化的传播走向了东亚各地。农耕文明是一种相对封闭的社会关系网络（抬头不见，低头见），成员之间形成了彼此相互依赖的行为特征与心理模式。这种封闭式网络具有较强的内聚力与认同感，能突破时空，代代延续，维系网络成员的互信与互惠。随着时间沉淀，关系网络也会生出惯性与扩展性。① 在21世纪霸权国不再是简单地以实力取胜，或奉行简单的强制支配逻辑。美国国家情报委员会在2012年发布的《全球趋势2030》报告中明确宣称：“到2030年，没有国家将是霸权国家。个人赋权、权力在国家之间的转移，以及权力从国家向非正式网络的分散，将是影响深远的。”② 中国走向全球，改革旧有不完善的国际体系就必然主张开放与包容。自十八大以来，中国国际秩序观从以被动应对为主，开始转变为主动经营。在此背景下，中国提出的“一带一路”倡议、“周边命运共同体”和“亚洲安全观”等理念，均是以包容的儒家思

---

① 社会学与人类学有大量关于“关系运作”的经典文献，对国际政治的“关系主义”研究有重要的参考价值。代表性文献有：〔美〕常向群：《关系抑或礼尚往来？——江村互惠、社会支持网和社会创造的研究》，辽宁人民出版社，2009；〔美〕阎云翔：《礼物的流动——一个中国村庄中的互惠原则与社会网络》，上海人民出版社，2000；〔美〕杨美惠：《礼物、人情与宴席——中国人社会关系的艺术》，江苏人民出版社，2009。

② U. S. National Intelligence Council, *Global Trends 2030*: *Alternative Worlds*, 2012, https://www.dni.gov/files/documents/GlobalTrends_2030.pdf, p. iii.

想为底蕴，展现出中国推进再全球化方式的开放性、柔和性与务实性。中国古代人将天圆地方、阴阳相济视为和谐的象征。儒家包容性哲学认为，个人的生命是不完整的，只有透过与其他人的联系才能显示其意义。没有他人，个人的属性本身就会失去意义。[①] 构建包容性的再全球化，需要一种新型的关系性互动模式。“互联互通”目标是有限的、可控的，战略姿态是克制的，重在发挥中国的真正优势，以包容、融合、聚合化解封闭、排他、对立，彰显的是“东方智慧”。当美国和欧洲开始“筑墙”时，中国却积极推动“互联互通”。虽然中国还不是全球性主导国，但它具备在“大周边”地区主动作为、推动“互联互通”的能力。习近平主席把中国的国际秩序观和全球治理观上升到构建以合作共赢为核心的新型国际关系、打造人类命运共同体的高度，主张国际社会从伙伴关系、安全格局、经济发展、文明交流、生态建设等方面做出努力，实现持久和平、普遍安全、共同繁荣、开放包容、清洁美丽的世界。

二　天圆地方的共生智慧

古代东亚的国际关系格局集中体现了儒家文化“重关系、

① Qin Yaqing, “Rule, Rules, and Relations: Towards a Synthetic Approach to Governance,” *The Chinese Journal of International Politics*, Vol. 4, No. 2, 2011, pp. 117 – 145.

轻实体”的思维特征。[①] 缘起于西周时期的朝贡体系，以中华文明为中心，形成由中原向边陲，由宗主国向藩属国层层递推的差序格局。在儒家文化中，“尊尊原则”倡导角色分异基础上的尊卑有序；“亲亲原则”则主张在横向互动时遵循礼让、包容与和谐。由此，依据关系远近亲疏的不同，东亚文明圈内的国家间互动就亲疏有别。[②] 这些东亚朝贡秩序与天下思想的研究为关系主义分析带来了诸多启发，越来越多的学者意识到，中西方语境中的国际“关系”在本质上是不同的。至少在近代以前，东亚地区的国际互动逻辑迥异于西方威斯特伐利亚体系的主权结构。赵汀阳从哲学层面上，深刻批评了西方国际关系理论的个体主义假定，他指出那些将行为体分离化、理性化与功利化的二元论思想与东亚传统思维格格不入。[③] 张锋也主张应充分挖掘中国历史悠久的关系思维，并将其运用到当今的外交分析当中，但是与过程导向的关系主义不同，他从结构维度分析东亚国际“关系”，并将明朝时期的东亚历史视为一种特殊的“关系性国际结构”（relational international structure）。[④]

---

① 费正清编《中国的世界秩序：传统中国的对外关系》，杜继东译，中国社会科学出版社，2010，第1页。

② Yongjin Zhang, “System, Empire and State in Chinese International Relations,” in Michael Cox, Tim Dunne and Ken Booth eds., *Empire, Systems and States: Great Transformation in International Politics*, Princeton, N. J.: Princeton University Press, 1999, p. 53.

③ 赵汀阳：《天下体系——世界制度哲学导论》，江苏教育出版社，2005，第52～56页。

④ Feng Zhang, *Chinese Hegemony: Grand Strategy and International Institutions in East Asian History*, Stanford, C. A.: Stanford University Press, 2015, pp. 26–77.

关系思维关注动态的、情境性的互动，而不是固定、机械的属性。作为社会建构的产物，“关系性”与“实体性”思维存在显著差异。前者将关系因素视为秩序的根本，行为体之间彼此连带，不可分割，行为体都倾向于维持长远关系，适度让步短期利益；后者将实体因素视为秩序的根本，理性自利成为行动的唯一原因，单元属性决定互动结果。总体而言，关系主义与实体主义在秩序观、理论隐喻与外交启示方面存在明显差别。西方社会总体上偏好“实体性”思维；而中国儒家则强调“关系性”依赖，其文化底色体现在以下几方面。

第一，儒家关系性思维强调包容，以和谐为美。这种儒家精髓深受《周易》阴阳观的影响。所谓“和实生物，同则不继”，“君子和而不同，小人同而不和”，“以和为贵”，“求同存异”等，无不彰显着中华文化中的“和合”思想。在这种文化影响下，中国人形成了重群体、轻个人，重关系、轻实体的思维方式。在中国国际关系学界，秦亚青最早提出：西方话语下的零和冲突逻辑无法解释中国长期坚持的和平发展实践，唯有回到儒家关系主义传统上方可理解中国的和平主义偏好。[①] 在儒家哲学看来，个体的存在是不完整的，没有与他人的连带，个体便会失去意义。这种“关系性”思想已经深嵌在东亚

① 秦亚青：《世界政治的文化理论——文化结构、文化单位与文化力》，《世界经济与政治》2003 年第 4 期，第 4 ~ 9 页；秦亚青、魏玲：《结构、进程与权力的社会化——中国与东亚地区合作》，《世界经济与政治》2007 年第 3 期，第 7 ~ 13 页。

国家之间的互动模式之中。对东亚国家而言，外交决策优先考虑的不是短期利益，而是如何与外界维持长期的和谐关系。与之相反，西方“理性”思维是原子导向的，本质上是实体主义，强调利益相互独立和竞争。

第二，儒家关系性思维主张情理兼顾。在国际危机中，中国的实力运作嵌入在关系网络中，包含道德考量。为了维护整体和谐，中国往往避免强制性干预他国事务。这类似于中国人处理日常纠纷所持的道义原则——“对事不对人”“和气生财”等。其实，保持“关系均衡”已经是中国人日常行为的构成性原则，这种思维方式会促使中国外交追求一种维护国与国之间和谐的关系性安全（relational security），而非西方世界主张的实体性安全（substantial security）。[①] 例如，在朝核问题、缅甸问题以及苏丹达尔富尔危机中，中国并不是依靠自身实力去压制一方，而是通过发挥传统关系、非正式渠道、民间网络与多边机制的作用，将所谓的“麻烦制造者”引入一个公正的对话协商环境中，中国既居中协调，因势利导，又不强制干涉有关各方内政，坚持化刚性为柔性，化冲突为和谐的“协商介入”原则。[②]

第三，儒家关系性思维强调互惠与礼尚往来。与理性交易逻辑不同，关系性思维强调互惠逻辑。在中国语境中，“礼尚

① Chiung - Chiu Huang and Chih - yu Shih, *Harmonious Intervention: China's Quest for Relational Security*, pp. 170 - 171.

② 李志永：《规范争论与协商介入：中国对不干涉内政规范的重塑》，《当代亚太》2015 年第 3 期，第 130 ~ 155 页。

往来”包含了利他性援助和工具性交换。“助人者自助”，帮助他人可以期待他人的反馈与互惠，可以形成相互支持的网络，降低生存的不确定风险。[①] 由于互惠机制可以保证我们不仅仅是资源的给予者，而且在我们需要资源的时候，我们也是受益者，因此与“以牙还牙”策略的收益不同。尽管理性自利行为一开始在资源积累方面会带来领先优势，在短期内机会主义策略会让行为体获得最大回报，但是着眼长远，互惠与人情是维持成功的最佳策略。在中国人情社会中，主人可以从客人装满礼物的篮子里看到所得之物，也可以从空的篮子里看到长期利益，他从来不会让客人带着空篮子回家，在人情互惠的世界里对个人利益的追求混合着道德的义务，最佳的生存策略是维持长期的社会生活秩序，而不是短暂的个人利益。[②]

三　联结就是力量

2013 年中国国家主席习近平正式提出了共建“一带一路”的倡议。几年来，这个倡议得到 100 多个国家和国际组织的支持，中国同 56 个国家和区域合作组织发表了对接“一带一路”倡议的共同文件，同 11 个沿线国签署自贸区协定，与 56 个沿线

---

① 高奇琦：《社群世界主义：全球治理与国家治理互动的分析框架》，《世界经济与政治》2016 年第 11 期，第 25～39 页。

② 〔美〕常向群：《关系抑或礼尚往来？——江村互惠、社会支持网和社会创造的研究》，辽宁人民出版社，2009，第 257 页。

国签署双边投资协定。截至 2016 年 6 月，中国国企在 26 个“一带一路”沿线国承建大型交通基础设施项目 38 项；中国对“一带一路”沿线国家的投资累计达 511 亿美元，在 18 个沿线国建设了 52 个经贸合作区，累计完成投资 156 亿美元。中国倡议的亚洲基础设施投资银行自 2016 年 1 月启动以来已吸引 57 个意向创始成员，累计发放 17.3 亿美元贷款支持 7 个国家的 9 个基建项目。2017 年 5 月在北京举办的“一带一路”国际合作高峰论坛上，中国与各国共商如何通过“一带一路”建设，实现各国优势互补，带动区域新增长。不少人对“中国速度”表示钦佩，更感叹中国推动全球化之实是他们未曾料到的，也很难从国际媒体的报道中得到全面反映。他们建议中国更多向世界传递信息，让更多人了解中国的理念、目标、诚意和能力。

从历史上看，成功崛起的大国都实现了内外两种支持的有机结合。例如，19 世纪的大英帝国依靠遍布世界各地的殖民体系、东印度公司商贸网络和海外军事基地支撑起“日不落帝国”的辉煌；如今的美国全球霸主地位不仅源于其自身优越的实体性资源（GDP、科技、教育、工业体系、先进治理体系等），也在于它与外部世界长期维持的广泛的支持性网络，特别是其盘根错节的全球军事部署与联盟体系。纵观美国历次重大国际行动，其盟友都以政治表态、派遣军队、后勤补给、情报共享、经费分担等多种形式给予美国有力支持。对崛起大国而言，海外利益的全球延伸，必将依赖战略网络的支撑。立足 21 世纪，中国的崛起进程就是一段不断融入世界、与外部联系日益密切的历史。正在走向世界舞台中心的中国，不仅需要正确评估自身实力，更应学会审视自身与外部世界之间的“关系”。[①] 在关系网络视角下，大国崛起就是一个以国内资源为后盾，以对外“联结”为抓手，动员与汲取内外资源的发展过程。[②] 当前，中国正经历从“韬光养晦”向“奋发有为”的外交转型，更加强调主动塑造外部环境与引领再全球化潮流。

一方面，中国更加主动塑造与构建全球网络。1971 年中国恢复联合国合法席位时，对外建交国数量仅为 64 个，还不到当时联合国成员国总数的一半。[③] 而当 2008 年北京奥运会举办时，与中国建交的国家数量已达到了 172 个，中国外交部管理着一个由 261 个驻外使领馆组成的全球网络。[④] 不仅如此，中国已将独具特色的“结伴不结盟”战略作为外交的长期战略。2014 年 11 月中央外事工作会议上习近平总书记明确提出：“在坚持不结盟原则的前提下广交朋友，形成遍布全球的伙伴关系网络。”[⑤] 此外，文化交流、城市外交与经济贸易网络也不断扩

① 参见〔美〕安妮－玛丽·斯劳特《世界新秩序》，任晓译，复旦大学出版社，2010；秦亚青：《关系与过程：中国国际关系理论的文化建构》，上海人民出版社，2012。

② Brian Hocking, et al. , *Futures For Diplomacy: Integrative Diplomacy in the 21st Century*, Netherlands Institute of International Relations, 2012, p. 9.

③ 吴建民：《中国——从边缘走向舞台中心》，人民日报评论部编著《人民日报评论年编 2009》，红旗出版社，2010，第 121 页。

④ 外交部网站，http://www.fmprc.gov.cn/web/ziliao_674904/2193_674977/，登录时间：2016 年 4 月 28 日。

⑤《中央外事工作会议在京举行》，《人民日报》2014 年 11 月 30 日。

展，无数关系和节点交织而成的外交关系网络构成了中国崛起的场域。可以说，新时代的中国外交更加关注自身与外部的命运关联。中国外交话语中积极倡导的“结伴不结盟”、“一带一路”、“互联互通网络”和“全球伙伴关系网络”等话语，充分凸显出中国积极编织“命运共同体网络”的外交导向，这是对全球关联性的积极回应。可以说，中国的崛起进程就是一段不断融入世界、与外部联系网络日益扩大的历史。

另一方面，中国积极编织伙伴关系网络。长期历史文化的积淀，使得中国儒家文化的“关系伦理”对外交也产生了潜移默化的影响。正所谓“一个篱笆三个桩，一个好汉三个帮”，“众人拾柴火焰高”，“亲帮亲、邻帮邻”，“远亲不如近邻”，① 基于关系距离的远近不同，中国人往往根据家人—亲人—熟人—半熟人—陌生人的差序格局向外互动。② 与正式的结盟关系不同，中国的“伙伴关系”体系并不是强制性的权利和义务的交换，而是一个双边和多边关系发展的平台，因此更具有“聚和效应”，更有助于以开放、灵活、非强制性特点争取大部

① 许烺光：《宗族、种姓与社团》，黄光国译，台北：南天书局有限公司，2002；杨国枢：《中国人的社会取向：社会互动的观点》，载杨国枢《中国人的心理与行为：本土化的研究》，中国人民大学出版社，2004；黄光国：《面子：中国人的权力游戏》，中国人民大学出版社，2004；金耀基：《儒家学说中的个体和群体——一个关系角度的诠释》，载金耀基《中国社会与文化》，香港：牛津大学出版社，1993。

② 〔加〕安乐哲：《和而不同：中西哲学的汇通》，北京大学出版社，2009；〔美〕郝大维、〔加〕安乐哲：《汉哲学思维的文化探源》，江苏人民出版社，1999；Hung - Ming Ku, *Spirit of the Chinese People*: *With an Essay on* “*The War and the Way out*,” Peking: The Peking Daily News, 1915。

分国家的认可与支持。正如习近平主席指出的：“伙伴意味着一个好汉三个帮，一起做好事、做大事。”① 在所建立和升级的伙伴关系中，“战略”“全面”“友好”等前缀词也标示着中国外交关系的差序格局。据统计，截至2016年4月，与中国建立伙伴关系的国家、地区一体化组织共有84个，其中国家有79个、地区一体化组织有5个（参见表2）。② 与美国等西方国家强调排他式、对抗式的结盟关系不同，中国是世界大国中唯一

表2　中国伙伴关系网络

差序格局、结伴不结盟，以双边为主	
突出战略合作 ①全面战略协作伙伴关系：俄罗斯(2011) ②全天候战略合作伙伴关系：巴基斯坦(2015)； ③全面战略合作伙伴关系：越南(2008)、老挝(2009)、柬埔寨(2010)、缅甸(2011)、泰国(2012) ④战略合作伙伴关系：印度(2005)、韩国(2008)、土耳其(2010)、阿富汗(2012)、斯里兰卡(2013)	突出战略关系 ①战略伙伴关系：加拿大(2005)、尼日利亚(2006)、塞尔维亚(2009)、安哥拉(2010)、波兰(2011)、爱尔兰(2012)、阿联酋(2012)、智利(2012)、乌兹别克斯坦(2012)、吉尔吉斯斯坦(2013)、塔吉克斯坦(2013)、土库曼斯坦(2013)、乌克兰(2013)、卡塔尔(2014)、哥斯达黎加(2015)、厄瓜多尔(2015)、苏丹(2015)、约旦(2015)、捷克(2016)、东盟(2003)、非盟(2004) ②创新战略伙伴关系：瑞士(2016)

① 习近平：《共建面向未来的亚太伙伴关系——在亚太经合组织第二十二次领导人非正式会议上的开幕辞》，《人民日报》2014年11月12日。

② 门洪华、刘笑阳：《中国伙伴关系战略评估与展望》，《世界经济与政治》2015年第2期，第68页；唐健：《伙伴战略与伙伴关系：理论框架、效用评估和未来趋势》，《国际关系研究》2016年第1期，第50~78页；刘博文、方长平：《周边伙伴关系网络与中国周边安全环境》，《当代亚太》2016年第3期，第68~100页。

续表

突出全面关系 ①全方位战略伙伴关系：德国（2014） ②全面战略伙伴关系：欧盟（2003）、英国（2004）、法国（2004）、意大利（2004）、西班牙（2005）、葡萄牙（2005）、希腊（2006）、丹麦（2008）、南非（2010）、哈萨克斯坦（2011）、巴西（2012）、秘鲁（2013）、墨西哥（2013）、马来西亚（2013）、印度尼西亚（2013）、白俄罗斯（2013）、阿尔及利亚（2014）、阿根廷（2014）、委内瑞拉（2014）、澳大利亚（2014）、新西兰（2014）、蒙古（2014）、埃及（2016）、沙特阿拉伯（2016）、伊朗（2016）	突出友好关系 ①更加紧密的全面合作伙伴关系：孟加拉国（2010） ②全方位友好合作伙伴关系：比利时（2014） ③与时俱进的全方位合作伙伴关系：新加坡（2015） ④全面友好合作伙伴关系：罗马尼亚（2004）、保加利亚（2014）、马尔代夫（2014） ⑤全面合作伙伴关系：埃塞俄比亚（2003）、克罗地亚（2005）、尼泊尔（2009）、坦桑尼亚（2013）、刚果（布）（2013）、肯尼亚（2013）、荷兰（2014）、东帝汶（2014） ⑥友好合作伙伴关系：匈牙利（2004）、塞内加尔（2014） ⑦合作伙伴关系：斐济（2006）、阿尔巴尼亚（2009）、特立尼达和多巴哥（2013）、安提瓜和巴布达（2013）、芬兰（2013） ⑧友好伙伴关系：牙买加

资料来源：笔者自制。

长期坚持不结盟的国家，而且也是世界上伙伴关系网络最密集的国家之一，这也是中国崛起的和平性、包容性与网络性的重要体现。中国不同层次的战略伙伴关系呈现出三个基本特征，即平等性、和平性和包容性。

四　构建命运共同体

“命运共同体”已成为中国外交工作中的核心概念。早在

2011年中国的国防白皮书《中国的和平发展》中，“命运共同体”就已被提出。十八大报告中明确提出“要倡导人类命运共同体意识”。之后这个概念被中央高层多次提出。2013年4月，习近平主席在出席博鳌亚洲论坛时指出世界各国应牢固树立“命运共同体”意识。2013年10月，习近平主席访问东南亚时提出建设“中国—东盟命运共同体”。2013年10月25日周边外交工作会议召开，习近平主席指出：要“让命运共同体意识在周边国家落地生根”。在2014年11月28日召开的中央外事工作会议上，习近平主席强调要切实抓好周边外交，打造“周边命运共同体”。2015年3月，习近平主席又再一次明确提出要构建“亚洲命运共同体”。至今，中国官方和学界已经提出了多种“命运共同体”，包括“人类命运共同体”“亚太命运共同体”“亚洲命运共同体”“周边命运共同体”“中国—东盟命运共同体”“中非双边命运共同体”“中巴命运共同体”“利益共同体”。“人类命运共同体”是中国人对当今世界的一种深刻理解，体现了中华文明的独特视角和思维方式，以及中国人处理对外事务的独特方式，是中国智慧的产物，也是中国对整个人类的重要贡献，完全可以成为全世界的公共思想产品。

毋庸讳言，“命运共同体”是“为中国谋”。中国只有具有一个和平的环境，才能延续战略机遇期，才能安心谋发展图富强，实现民族的伟大复兴。同时，“命运共同体”也是“为世界谋”。世界好，中国才会好。“一花独放不是春，万紫千红春满园”，是中国人的理念。中国的发展与强大，对其他国家来说不是威胁，而是机遇。中国经济发展进入新常态，将继续给世界各国提供更多市场以及增长、投资、合作机遇。中国实现贫困人口全部脱贫的目标，不仅将为全球经济发展减负，更会带来宝贵经验。中国作为构建人类命运共同体的推动者，要强调与周边国家“共享发展成果、实现安全合作”，积极向弱国和对中国有战略疑虑的国家释放善意，给予适当让利，保持战略克制，最终换取他国支持中国推动构建共同体的主导地位且愿意融入这一共同体。“命运共同体”最大的魅力就在于把“你”和“我”，变成了“我们”。在漫长历史长河中，如亚洲的黄河和长江流域、印度河和恒河流域、幼发拉底河和底格里斯河流域以及东南亚等地区孕育了众多古老文明，彼此交相辉映、相得益彰，为人类文明进步做出了重要贡献。今天的亚洲，多样性的特点仍十分突出，不同文明、不同民族、不同宗教汇聚交融，共同组成多姿多彩的亚洲大家庭。要促进不同文明不同发展模式交流对话，在竞争比较中取长补短，在交流互鉴中共同发展，让文明交流互鉴成为增进各国人民友谊的桥梁、推动人类社会进步的动力、维护世界和平的纽带。其精髓突出了一个字——那就是“共”，即“共商”“共建”“共享”，而后就是“共赢”，是构建人类的命运“共同体”。

首先，“共商”，简单说即共同商讨，共商发展大计。“一带一路”倡议所覆盖的范围包含全球 60 多个国家和地区，总人口超过44亿人，约占全球的63%，经济总量超过20万亿美元，约占全球的29%，对全球经济有着举足轻重的作用。“一带一路”倡议自提出伊始便旨在实现它所覆盖的陆上、海上经济贸易和社会文化各方面的联动发展。“共商”便是在“一带一路”倡议覆盖区域内确立一种新机制，让这些国家和人民共同商讨和规划未来的发展方向，统一发展目标。只有当发展的目标、规划是共同商讨的结果时，才能凝聚形成一种共识，拧成一股力量，向着共同的发展目标努力。旧版全球化的背后是一种西方的强势文明，所谓“历史的终结”，或“世界是平的”，凸显出西方的话语霸权。而今，“一带一路”倡议强调在削减贫富差距、共同发展的基础上，促进文明的共同复兴、共同繁荣、共同创新，超越了旧版全球化趋势下西方文明的扩张理念。此外，“一带一路”倡议通过区域合作推动了全球范围内的合作。全球化和区域一体化是相辅相成的，中国推进的“一带一路”建设，正是通过区域合作，推动更大范围的洲际合作，通过洲际合作推动全球的合作。“一带一路”框架下的六大经济走廊进行的是一种产业链的布局，通过不断延伸拓展到全球，把整个世界放到一个新型的全球产业链、新型的工业化和城镇化布局当中来。这超越了原来地区一体化与全球化相矛盾的一面，将不同地区进行互联互通。例如中巴经济走廊，不仅把中巴两国联结到一起，未来还会拓展到印度洋，延伸至波斯湾、欧洲，所以这是真正具有全球战略意义的区域一体化和全球化的布局。

其次，“共建”，即共同建设。事实上，中国提出的“一带一路”倡议就是建立在“一带一路”国家和地区共同建设的基础之上。与此同时，中国率先做出表率，也为“一带一路”倡议提供了可操作和可持续发展的方案和架构，例如设立丝路基金，发起成立亚投行等。“有钱出钱，有力出力”，“众人拾柴火焰高”，这是中国的两句老话，套用在“一带一路”的共同建设中，也就是说资金力量虽有大小之别，但无论大小，只有凝聚起来才能共同推进“一带一路”建设。“一带一路”建设虽然聚焦沿线国家和地区，但是它的成功与否，却关系到全球经济能否复苏与发展；它的成果，也毫无疑问将惠及全球各国和民众。只有沿线各国的资本（包括民间资本），以及全球资本共同投入“一带一路”建设中，在“共建”的前提下，“一带一路”倡议才能稳步推进。所以，“共建”在“一带一路”建设中是至关重要的一环。“一带一路”是海陆联通的大格局。原来的全球化是海洋性的全球化，90%的贸易是通过海洋进行运输的。“一带一路”一个是带，一个是路，联通海陆一体。以中巴经济走廊为例，作为“一带一路”六大走廊之一，中巴经济走廊把“世界岛”的中心和“世界洋”的中心联结在一起，打通了巴基斯坦沿海地区和北部比较落后地区，同时也改变了全球经济的南北布局，有利于削减贫富差距，让全球化更加均衡、普惠，让更多百姓获益，共同致富。

再次，“共享”即共同享有，发展的成果由参与“一带一路”建设的所有国家共同享有，这也是“一带一路”倡议构想的目标和魅力所在。相关数据表明，2013～2015年，“一带一路”沿线国家GDP平均增长5.3%，高于同期世界平均水平2个百分点，GDP总额占世界的比重从29.1%上升至30.3%。如果按照这个目标推进，沿线国家的GDP增长幅度能达到年平均3～5个百分点，未来30年沿线国家的GDP就将翻一番，全球60%的人口的生活水平将在现有水平上提高一倍，并至少会带动全球经济增长3个百分点。这将定是一直以来有志于推动全球经济一体化的人们梦寐以求的成果。“一带一路”倡议平等、开放的合作架构改变了以往西方主导的、中心—边缘的分工体系。西方的一些跨国公司把整个世界变成它们的市场，包括中国在内的发展中国家为它们提供便宜的原材料、劳动力、资源，但获得的利润比较微薄，大部分利润被这些跨国公司攫取了。这是一种依附性发展。例如非洲就长期处于这样一种分工体系的边缘。“一带一路”倡议构建的是一种平等参与、均衡普惠的合作架构，倡导南南合作，改变了原来中心—边缘的分工体系。①

最后，“共商”“共建”“共享”共同勾勒了“一带一路”全景图，实际上，全景图里还应有“共赢”，即共同赢得全球经济发展的明天。因为“一带一路”倡议的最终目标是构建人类命运共同体。习近平主席多次在国内外重要场合反复强调和

---

① 李潮东：《“一带一路”推进构建人类命运共同体》，《人民日报》2017年5月17日。

阐述构建人类命运共同体。2017 年 2 月 10 日联合国决议中更是首次写入“构建人类命运共同体”的理念。习近平主席曾引用拿破仑名言：“世上有两种力量：利剑和思想；从长而论，利剑总是败在思想手下。”构建人类命运共同体，反映的正是这种可以胜过利剑的思想。当今世界已经进入一个荣损相依的时代，尤其在事关影响世界和平发展进程的全球问题方面，没有一个国家能够独善其身，也没有一个国家可以独力应对。不论人们身处何国、信仰何如、是否愿意，实际上都已经处在一个命运共同体之中。因而，世界各国应搁置争议，秉承合作理念，发扬伙伴精神，在涉及全球性的问题上加强沟通与协调，为建设一个和平、稳定、繁荣、和谐的世界，提供合理的制度安排和更多的公共产品。

第四章　“一带一路”倡议与全球治理

狮子睡着了，苍蝇都敢落到它的脸上叫几声；中国一旦被惊醒，世界会为之震动。

——拿破仑·波拿巴

拿破仑说过，中国是一头沉睡的狮子，当这头睡狮醒来时，世界都会为之发抖。中国这头狮子已经醒了，但这是一只和平的、可亲的、文明的狮子。

——2014年3月27日，习近平在中法建交50周年纪念大会上的讲话

失衡的全球化面临修复，世界亟须通过再全球化进程进入一个平衡和包容性发展的全球化新阶段。在这种情况下，中国提出“一带一路”倡议，秉持包容性发展的理念，强调推动全球化更加包容和平衡的发展，通过实施“一带一路”倡议，与世界各国共同发展和进步。“一带一路”倡议致力于编织一个连接中国、中亚、东南亚、南亚、非洲、欧洲的开

放式网络，该网络不是正式的联盟，也不具有规则导向的国际制度性质，而是一个覆盖全球 65% 的人口，世界3/1 的 GDP，以及世界 1/4 的贸易规模的互联互通共同体。重要的是，“一带一路”倡议推动了全球化的多样性，摆脱了简单全盘复制西方发达国家的模式，激发了低层全球化能量，开启了更加多样性的经济发展、文明进步的方式。旧的全球化模式，过度依附西方，缺少新兴国家的贡献与元素。在西方强势的经济与文化优势面前，全球化成为一种单向的流动：资金技术从发达国家流向发展中国家，而人才与红利则从世界各地汇聚于发达国家，这种不对等的收益格局，让发展中国家难以展现比较优势。而“一带一路”倡议通过“共商、共建、共享”让每个国家都有参与建设、发挥优势的机会与平台，构建的是一个更加公正的、多中心的全球化，也更具合法性。①

据统计，截至2016 年底，已有100 多个国家表达了对共建“一带一路”倡议的支持和参与意愿，中国与 39 个国家和国际组织签署了46 份共建“一带一路”合作协议，涵盖互联互通、产能、投资、经贸、金融、科技、人文、民生、海洋等合作领域。② 通过建立政策沟通、设施联通、贸易畅通、资金融通、

---

① 徐康宁：《“一带一路”引领经济全球化健康发展》，《人民日报》2017 年 5 月 15 日。

② 推进“一带一路”建设工作领导小组办公室：《共建“一带一路”：理念、实践与中国的贡献》，2017，第 1 ~ 3 页。

民心相通的“五通”格局，中国将在对沿线国家的基础设施和区域融资方面提供大量的国际公共产品。① 就贸易成绩来看，中国与“一带一路”经济走廊沿线国家的双边贸易额已由2000年的577.9亿美元增加至2014年的8663.9亿美元，年均增长21.3%，高于同期中国对外贸易增长4.2个百分点，高于同期全球贸易增长13.4个百分点（参见图8）。② 2017年3月17日，联合国安理会一致通过第2344号决议，呼吁国际社会

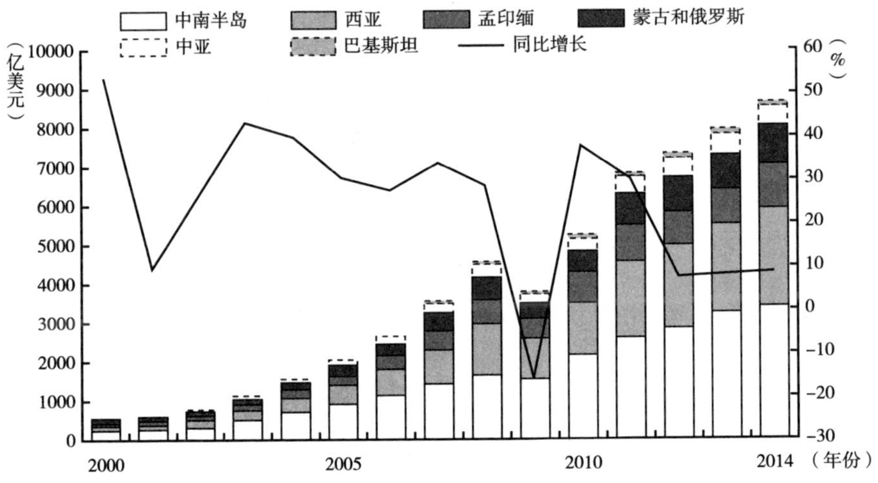

图8 中国与“一带一路”经济走廊沿线国家的双边贸易

资料来源：王金波：《“一带一路”经济走廊与区域经济一体化：形成机理与功能演进》，社会科学文献出版社，2016，第17页。

---

① 黄河：《公共产品视角下的“一带一路”》，《世界经济与政治》2015年第6期，第138~155页。

② 王金波：《“一带一路”经济走廊与区域经济一体化：形成机理与功能演进》，社会科学文献出版社，2016，第17页。

通过"一带一路"建设加强区域经济合作。中国积极履行国际责任，在共建"一带一路"框架下深化同各有关国际组织的合作，与联合国开发计划署、联合国亚洲及太平洋经济社会委员会（亚太经社会）、世界卫生组织签署共建"一带一路"的合作文件。作为革新者，中国以创新为驱动，推动再全球化进程，主动否定与回应当前西方舆论界甚嚣尘上的"逆全球化"声音。作为负责任的大国，中国参与引领再全球化的抓手之一便是"一带一路"战略布局。

一 塑造"丝路新秩序"

2013 年，习近平主席在访问哈萨克斯坦和印度尼西亚时，分别提出了建设"丝绸之路经济带"和"21 世纪海上丝绸之路"的倡议。2015 年 3 月 28 日，国家发改委、外交部、商务部三部委经国务院授权，联合发布《推动共建丝绸之路经济带和 21 世纪海上丝绸之路的愿景与行动》，从时代背景、共建原则、框架思路、合作重点、合作机制等方面阐述了"一带一路"倡议的主张与内涵，提出了共建"一带一路"的方向和任务。① 从历史上看，"一带一路"倡议是对中国古代丝绸之路精神与郑和下西洋遗产的弘扬，着眼于通过互联互通合作突破

① 王缉思：《"西进"，中国地缘战略的再平衡》，《环球时报》2012 年 10 月 17 日。

旧有全球化的制度壁垒与不公平结构。“一带一路”倡议不只是简单的经济合作，更涉及政治、安全、文化、民生等各个方面，其辐射范围基本上涵盖了亚欧大陆，以及太平洋西岸与印度洋，涉及沿线国家65个，除中国外其他64个国家包括蒙古国、东南亚11国、南亚8国、中亚5国、西亚北非19国以及中东欧20国（参见表3）。2016年数据显示，“一带一路”沿线64个国家GDP之和预测为12万亿美元，占全球GDP的16%；人口总数为32.1亿人，占全球人口的43.4%；对外贸易总额为71885.5亿美元，占全球贸易总额的21.7%。[①] 而且从中国角度来看，2016年中国与“一带一路”沿线国家贸易

表3 2016年“一带一路”沿线65国国情

单位：万人，亿美元

区域	国家	人口	GDP	进口额	出口额	进出口总额
东亚1国	蒙古	301.4	116.5	38.7	45.0	83.7
东南亚11国	新加坡	558.4	2945.6	2968.9	3468.1	6436.9
	泰国	6898.1	4097.2	1957.4	2136.1	4093.5
	越南	9263.7	2013.6	1909.5	1865.0	3774.5
	马来西亚	3152.3	3092.6	1685.4	1895.7	3581.1
	印度尼西亚	25880.2	9369.6	1426.9	1502.8	2929.8
	菲律宾	10419.5	3103.1	859.4	563.1	1422.5
	缅甸	5225.4	740.1	219.1	131.1	350.2

① 国家信息中心“一带一路”大数据中心：《“一带一路”贸易合作大数据报告2017（简版）》，2017年3月，第1页。

续表

区域	国家	人口	GDP	进口额	出口额	进出口总额
东南亚11国	柬埔寨	1577.6	194.8	141.7	135.4	277.1
	文莱	42.3	91.0	32.4	63.4	95.8
	老挝	716.3	133.6	60.4	34.4	94.8
	东帝汶	118.7	21.0	6.1	3.4	9.5
南亚8国	印度	130971.3	22887.2	3566.8	2610.1	6176.9
	孟加拉	16151.3	2262.6	392.3	354.5	746.8
	巴基斯坦	18987.0	2699.7	439.9	220.9	660.8
	斯里兰卡	2125.2	848.1	189.7	104.4	294.1
	尼泊尔	2875.8	218.7	66.1	6.6	72.7
	阿富汗	3273.9	172.8	45.0	8.2	53.2
	马尔代夫	35.4	32.8	19.1	1.4	20.6
	不丹	79.1	24.8	5.1	2.3	7.5
中亚5国	哈萨克斯坦	1794.7	1161.5	194.4	418.5	612.9
	乌兹别克斯坦	3134.3	616.5	99.3	56.5	155.8
	土库曼斯坦	546.3	354.0	55.0	92.7	147.7
	吉尔吉斯斯坦	605.9	60.3	39.2	15.4	54.6
	塔吉克斯坦	865.5	62.5	34.9	7.5	42.5
西亚北非19国	阿联酋	985.6	3251.4	2221.8	1533.8	3755.6
	沙特阿拉伯	3201.3	6182.7	1638.2	2014.9	3653.1
	土耳其	7855.9	7511.9	1986.0	1426.1	3412.1
	以色列	852.8	3061.9	620.7	640.6	1261.3
	卡塔尔	257.8	1708.6	326.1	779.7	1105.8
	埃及	9020.3	3307.7	659.4	211.9	871.3
	科威特	422.5	1062.1	319.1	551.6	870.7
	伊拉克	3606.7	1484.1	314.6	531.0	845.6
	伊朗	8046.0	3861.2	438.6	383.2	821.8
	阿曼	395.7	516.8	290.1	319.3	609.3
	巴林	131.9	300.8	163.4	136.8	300.2
	约旦	697.6	398.0	200.4	78.6	279.0
	阿塞拜疆	949.2	351.4	100.8	160.6	261.4
	黎巴嫩	459.7	528.0	161.6	21.4	183.0
	格鲁吉亚	367.8	139.4	87.8	18.2	106.0
	也门	2913.2	373.1	62.6	19.5	82.1

续表

区域	国家	人口	GDP	进口额	出口额	进出口总额
西亚北非19国	亚美尼亚	299.1	107.7	32.3	17.8	50.1
	叙利亚	341.8	1850.2	44.5	4.6	49.1
	巴勒斯坦	2699.7	470.5	7.5	1.1	8.6
中东欧20国	俄罗斯	14630.0	11327.4	1827.8	3439.1	5266.9
	波兰	3800.3	4735.0	1885.2	1964.6	3849.7
	捷克	1056.1	1852.7	1422.0	1628.3	3050.3
	匈牙利	983.5	1177.3	877.9	961.0	1838.8
	斯洛伐克	541.8	898.0	702.1	726.8	1429.0
	罗马尼亚	1986.9	1819.4	698.5	598.5	1297.0
	乌克兰	4250.1	835.5	351.1	384.4	735.4
	斯洛文尼亚	206.5	437.9	284.5	309.8	594.2
	立陶宛	287.5	430.2	271.9	249.4	521.3
	白俄罗斯	945.1	458.9	274.6	234.1	508.8
	保加利亚	712.6	493.6	268.2	234.5	502.7
	塞尔维亚	713.2	373.8	192.2	148.4	340.6
	克罗地亚	420.4	499.3	202.0	129.6	331.6
	爱沙尼亚	131.2	238.5	149.5	131.7	281.3
	拉脱维亚	197.6	281.8	130.7	113.0	243.6
	波黑	385.4	163.2	67.6	47.8	115.4
	马其顿	207.6	104.2	64.0	44.9	108.9
	阿尔巴尼亚	288.5	122.7	43.2	19.3	62.5
	摩尔多瓦	355.3	60.8	39.9	19.7	59.5
	黑山	62.3	41.8	22.6	3.5	26.2
64国总计		321266.1	120139.6	35903.7	35981.8	71885.5
中国			15883.1	21138.4	37021.6	

资料来源：世界银行、联合国统计局，部分数据来自世界贸易组织、联合国、国际货币基金组织的预测。

注：由于各国数据更新周期的差异，也门的 GDP 为 2013 年数据，伊朗、叙利亚的 GDP 为 2014 年数据，还有部分国家数据为 2015 年数据。

总额为9535.9亿美元，占中国与全球贸易额的比重为25.7%，较2015年的25.4%上升0.3个百分点。① 由中国倡议的“一带一路”发展计划已成为举世关注的重大国际公共产品，其展现出来的新模式、新特点，为全球治理与发展提供了与众不同的新方案。它的这种“新”逻辑体现在三个方面。

首先，从运作模式上看，“一带一路”倡议是完全开放的“零门槛”松散网络。与传统的封闭式俱乐部合作机制不同，“一带一路”倡议主张自由参与，不限制参与者的具体数量以及参与者在意识形态、政治体制、发展道路等方面的差异，而且致力于分散地缘政治风险，促进区域和谐与交融，反对传统大国所惯用的地缘战略思维。中国认为，沿线国家只要对“一带一路”倡议感兴趣或有需要，就可以积极响应，任何合作只要建立在相互良好意愿上即可，没有相对固定封闭的会员身份制约，这是真正意义上的共商、共建、共享，哪怕是相互之间存在矛盾与冲突的国家，也能在这个大倡议下暂时搁置冲突进行双方的互利合作。中国致力于实现的是一个开放、包容、普惠、共赢的平台，并且是由中国来搭台，周边朋友来唱戏。“一带一路”倡议不是独唱，也不是独角戏，而是发挥各个沿线国家与地区特色与优点的大合唱。由此，各参与国能在平等与相互尊重基础上，激发自身主体意识与参与热情，通过协商

① 国家信息中心“一带一路”大数据中心：《“一带一路”贸易合作大数据报告2017（简版）》，2017年3月，第8页。

方式解决矛盾与冲突，让每一个参与其中的国家都获益。“一带一路”倡议不回避竞争，但避免激化竞争，主张在整体和谐一致框架下良性竞争、优势互补。“一带一路”倡议也是一个相对松散和模糊的关系集合，因为参与其中的国家可以自由退出，也没有规定参与的门槛与条件，而且只要有意愿就可以共同参与建设，因此“一带一路”倡议的影响范围远远不止亚欧大陆的核心区，还包括很多跨洲区域，如亚洲的日本、韩国，欧洲的英国，非洲的埃塞俄比亚、肯尼亚，美洲的巴西、委内瑞拉等。① 也正是由于“一带一路”边界的开放性，参与其中的国家不必担心传统的制度刚性约束，可以根据具体的项目与中国展开务实合作。用中国的传统文化与治理思维来讲，即使合作不顺利，也是“买卖不成，仁义在”，多交朋友本身就是一个重要收获。这种全球化互动模式，与美国主导的规则先行的治理模式不同，它关注的是互动本身以及互动进程，结果并非决定性的。

其次，从领导机制上看，“一带一路”倡议没有固定的中心，而是鼓励自下而上的赋权式领导。这种领导方式建立在主权平等与多样差异的基础上，主张区域内的任何解决方案都需要尊重当事国政策和选择的优先性，反对强制性领导与外部强加的融合。传统的全球化规则建立在理性的机制之上，隐含的

① 薛力：《中国需要制定“周边外交方略”》，《世界知识》2017 年第 5 期，第 73 页。

是竞争取胜逻辑，即各国为了在全球化浪潮中占据有利位置必须通过竞争来扩大自身利益范围，而不用去考虑对别国以及区域利益的影响。中国早在 2003 年就宣布不走传统强国的武力崛起之路，而是坚持和平发展战略。和平发展的关键是，避免零和式的发展竞争，在自身发展的同时需要带动世界发展，为国际社会做贡献。[①] 2013 年中国召开“周边外交工作座谈会”，提出指导与周边国家关系的原则，即“亲、诚、惠、容”。中国认为推动“一带一路”倡议需要始终保持开放、包容与惠及他人的心态。这其中的“容”是指汇集和而不同的力量，博采众长、扬长避短，反对一切形式的保护主义与小圈子主义，主张推倒当前的全球化壁垒，共担风险、共享机遇。[②] 在此基础上，“一带一路”构想突破了封闭式的传统合作逻辑，不仅关注政策沟通、设施联通、贸易畅通、资金融通、民心相通，而且倡导“共同发展”“共享繁荣”的新型规范与价值观，让沿线国家感到自己深处一个互联互通的命运共同体之中，各国必须坦诚开放、包容合作，由此在亚欧大陆上为陷入困境的全球治理提供一个“试验田”，从中孵化出包容共生的全球化模式，从而告别西方中心主义主导下的世界观，让周边国

---

① James Jungbok Lee, “Will China’s Rise Be Peaceful? A Social Psychological Perspective,” *Asian Security*, Vol. 12, No. 1, 2016, pp. 29 – 52.

② 杨鲁慧：《和平崛起与中国周边外交新理念和新格局》，《理论探讨》2014 年第 6 期，第 5 ~ 10 页。

家成为共同划桨前行的伙伴。[①] 根据英国学者尚塔努·密特拉（Shantanu Mitra）的估算，到2020年“一带一路”项目将惠及全球63%的人口，并为全球GDP贡献2.1万亿美元。[②] 通过释放中国崛起红利，再全球化实现了多重利益的包容与共赢（参见图9）。

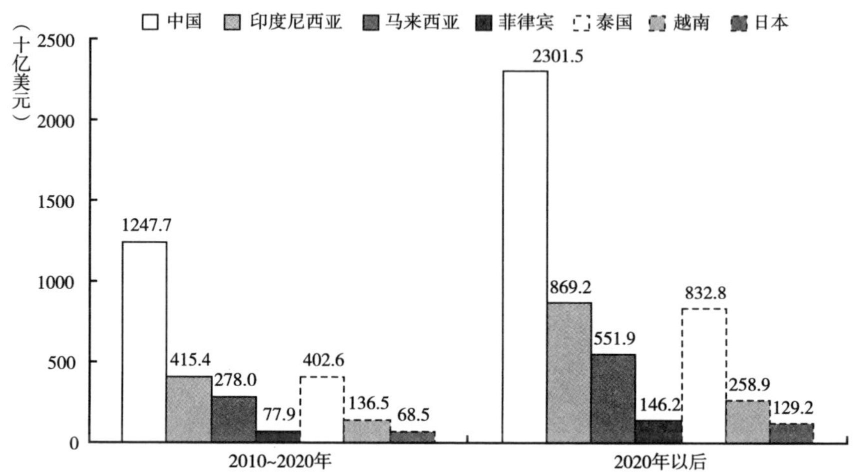

图9　亚洲互联互通（交通、通信与能源）的宏观经济收益

资料来源：Joseph Francois, Pradumna B. Rana and Ganeshan Wignaraja ed., *Pan-Asian Integration: Linking East and South Asia*, Basingstoke, UK: Palgrave Macmillan, 2009, pp. 439-486。

① 李君如：《中国与世界关系的新阶段》，《文化纵横》2013年第2期，第20~22页。

② Anthea Mulakala：《中国的发展政策与西方世界：玩会聚还是玩平行?》，载王灵桂编《国外智库看“一带一路”（Ⅱ）》，社会科学文献出版社，2015，第414~416页。

最后，在合作策略上，“一带一路”倡议主张发挥比较优势，引领基础设施建设。毫无疑问，道路、桥梁、运河与港口等基础设施建设，是未来亚洲经济繁荣发展的基础。而中国在基础设施建设方面具备显著的优势。一方面，中国的大型基建技术处于世界一流水平，建设大型工程的经验丰富。[①] 例如，中国是世界上最大的可再生能源生产国，其中水力发电技术非常成熟，2015 年中国国内水电设施的配置能力已经超过 2900 亿瓦，排名世界第一。[②] 此外，中国拥有世界上最长的高速铁路网络，2016 年底中国的高铁运营里程已超过 2 万公里，占全世界高铁运营总里程的 65% 左右。[③] 另一方面，中国的技术成本与劳动力成本相对较低，向外输出大规模基础设施建设模式的比较优势明显。[④] 此外，中国积极尝试以制度化方式推进互联互通建设。上海合作组织、中国—东盟自贸区、互联互通伙伴

---

① KPMG, *Infrastructure in China: Sustaining Quality Growth*, Hong Kong: KPMG International, 2014, https://home.kpmg.com/cn/en/home.html，登录时间：2017 年 4 月 1 日。

② 林毅夫、王燕：《超越发展援助：在一个多极世界中重构发展合作新理念》，宋琛译，北京大学出版社，2016，第 127 页。

③ 辛闻：《中国高铁里程达 2 万多公里，占全世界高铁总量 65% 左右》，中国网，2016 年 12 月 29 日，http://www.china.com.cn/news/2016-12/29/content_40005460.htm。

④ 中国高铁具有 350 公里的最高时速优势，其标准的基础单位成本为 1700 万～2100 万美元；欧洲发达国家的高铁时速最快 300 公里，估算成本为每公里 2500 万～3900 万美元；而美国与日本高铁的建造成本则更高，几乎达到每公里 5200 万美元。参见 International Transport Forum, December 2013, http://www.itf-oecd.org/search/statistics-and-data?f[0]=field_publication_type%3A648&f[1]=field_publication_type%3A657，登录时间：2017 年 4 月 1 日。

对话机制、中印缅孟经济走廊、中巴经济走廊等多种机制正在为区域发展提供制度性协商框架。[①] 此外，2017 年 3 月 27 日新西兰与中方签署“一带一路”合作协议，成为首个签署相关协议的西方发达国家，具有广泛的示范意义与制度化合作新前景。这些外交努力都进一步促进了“一带一路”倡议的机制化与常态化。

基础设施网络属于“俱乐部产品”，即从其外部效应中受益的参与国数目是确定的。通过扩展与完善基础设施（比如交通网络和通信设施）能够显著增强跨国流动性。中国通过倡导“一带一路”在地区基础设施建设中发挥重要作用，依托互联互通机制、国际金融平台、贸易服务网络，以及经验共享、数据共建等方式，使得“一带一路”倡议产生正向的网络外部性，让沿线所有参与方都从互联互通中受益。一方面，区域基础设施互联互通能够帮助弱小的经济体更有效参与经济全球化，实现经济增长。基础设施可以提高生产力，促进贸易，降低交易成本，为经济发展提供基础要件，对沿线居民生活水平提高有显著的带动效应。[②] 世界银行学院学者安东尼奥·易斯塔什研究发现，中国的基础设施互联互通倡议可以有效地促进区域生产力提高，并改善贫困状

---

① 任晶晶：《“双重转型”：十八大以来中国经济外交的理念创新与战略布局》，载刘德斌主编《中国与世界》（第四辑），中国社会科学出版社，2015，第 17 ~ 26 页。

② 〔美〕保尔·科利尔（Paul Collier）等：《中低收入国家道路基础设施建设成本探讨》，《世界银行经济评论》2016 年第 3 期，第 134 ~ 166 页。

态，这一做法正在转化为亚太地区的共享经验。据统计，“一带一路”沿线国家的基础设施建设收益率已有显著提高，分别达到了20%～200%不等。[①] 另一方面，基础设施互联互通建设有助于传播中国经验与发展模式。“要想富，先修路”，这是中国国内广为流传的发展口号，这种朴素的表达却传递出一个深刻的经济学规律，即基础设施和产业规划是促进经济跨越式发展的核心要素之一。因此，对于极端贫困的受援国来讲，它们急需的是改善基础设施。“一带一路”沿线大部分是发展中国家，都面临基础设施陈旧老化、道路交通不完善、电力供给不足、通信设施匮乏等问题，中国倡导的“一带一路”倡议可以为应对此类问题供给解决方案与跨区域公共产品。[②] 通过表4可以看到，中国对“一带一路”沿线国家的工程建设投资比重增长迅速，2015年中国在“一带一路”沿线国家签约工程总价值与已完成工程总价值分别占总额的44.12%与44.96%，而到2016年这两个比重都有上升，远远高于同期的中国对外直接投资金额占比。[③]

---

① 中国—发展援助委员会研究小组：《基础设施：发展与减贫的基础综合报告》，中国国际扶贫中心《研究报告》2011年第3期。

② 郑永年：《“一带一路”是可持续的公共产品》，《人民日报》2017年4月16日。

③ 雷聪：《中国—中南半岛经济走廊建设与发展》，载李曦辉、邓光奇主编《中国民族地区经济发展报告（2017）》，社会科学文献出版社，2017，第155～214页。

表 4　中国在“一带一路”沿线国家的投资与工程承包

单位：亿美元，%

年份	中国对外直接投资		签约的中国工程承包		完成的中国工程承包	
	总额	“一带一路”占比	总额	“一带一路”占比	总额	“一带一路”占比
2013	901.7	—	1716.3	—	1371.4	—
2014	1028.9	13.28	1917.6	—	1424.1	—
2015	1180.2	12.56	2100.7	44.12	1540.7	44.96
2016	1701.1	8.6	2440.1	51.65	1594.2	47.64

资料来源：雷聪：《中国—中南半岛经济走廊建设与发展》，载李曦辉、邓光奇主编《中国民族地区经济发展报告（2017）》，社会科学文献出版社，2017，第155～214页。

二　搭建全球化共享平台

对比传统的全球化模式，“一带一路”倡议体现出再全球化进程的核心特征在于倡导用互联互通建立一种跨区域的网络化新型国际关系。“一带一路”倡议没有明确的任务与计划表，而是在相互自愿基础上将各自国内的基础设施网络与区域网络相对接，以促进形成万物互联的网络状态，而且这种联通因为互联网科技的迅速发展，实现了陆、海、空、互联网四位一体的网络化格局，推动全球经济社会呈现更紧密的联系，将更多国家和区域纳入畅通、有序的共建共享体系。一个国家、一个城市、一个领域网络状态和网络体系越密集、越完善、越顺畅，其产生的集成、集疏、集散、集约功能就越强，共享发展的机遇和程度就越大。[①]“一带一路”倡议打造的包容性再全球化，让全球化红利在地化，增加普通民众的获得感，更会打破全球“南方”与“北方”之间的隔阂，鼓励跨国公司、社会组织、地方政府也参与其中，共同塑造有利于整体的全球化发展局面。作为中国推进全球治理转型的重要尝试，“一带一路”搭建利益共享平台的逻辑有三方面。

第一，通过网络扩散效应，构建周边合作圈。经济学中有一个“成长三角”理论，该理论认为那些政治形态、经济发展阶段不同的多个国家可以在相邻区域设置跨境经济合作地带，这有助于强化生产要素及市场的互补关系，促进贸易、投资，以达到地区政治安定、经济发展的目的。[②] 这是一种典型的网络思维，即通过“两点成线、三点成面”的网络链接原理，将很多异质的行为体整合起来从而产生系统效应。从关系网络视角来看，一个国家容易把它以前的“关系”带入一个新的关系网络中，这种“连带效应”使得关系网络扩展。国家间互动的关系网络模型的基本框架是“三方组”（Triad），即由三个点（行动者）及其之间可能存在的关系构成一个子网络。三方关系具有重要意义，网络关系的建立与取消、扩展与收缩都是以

① 陈文玲：《“一带一路”将如何重塑全球新经济》，《第一财经》2017 年 5 月 15 日。

② 丁斗：《东亚地区的次区域经济合作》，北京大学出版社，2001，第 68 页。

“三方组”为基本单位进行的。在现实生活中，我们可以观察到，如果A与C存在很多交往，而B与C也存在很多交往，那么可以预期A和B之间会存在比较多的交往。这种情况在关系社会学中被理论化为“禁现三方关系”（Forbidden Triad）假设，即A和C有强关系，B与C也有强关系，那么A和B不存在关系的情况不会发生，两者至少是弱关系。[①] 这也可以深刻阐明国家间关系的传递性，即当位于国际体系中的任意一个国家A因为利益或威胁等各种因素与另一个国家B产生联系时，它们原先自己的伙伴关系网络就被间接地联系在了一起，它们各自的盟友E和D就被处于潜在三角关系的“第三边”位置上，在“禁现三方关系”假设下最终E、D建立直接关系，这样原先的小网络得到扩展，以此类推，随着时间推移，在正常情况下，E、D的伙伴之间原本没有关系，但由于E、D建立了直接联系，它们的伙伴最后建立合作关系的可能性相当大。随着时间推移，网络演进从区域到体系，随着区域层面的“星形”系统越来越多，星形系统之间的“关系传递”与“协同效应”便会推动整体网络的形成。在一个完全联结的体系中，没有哪个国家可以从单方面破坏“关系”中获得更多好处，这样体系就达到了均衡。[②]

---

① See Mark Granovetter, “The Strength of Weak Ties,” *American Journal of Sociology*, Vol. 78, No. 6, 1973, pp. 1360 - 1380.

② 曹德军、陈金丽：《国际政治的关系网络理论：一项新的分析框架》，《欧洲研究》2011年第4期，第69~82页。

由此来看，“一带一路”就是典型的“三方关系”的扩展网络（参见图 10）。首先是区域内部分国家之间的小范围经济合作，通过相互提供优惠政策，充分发挥经贸结构上的互补性和地域上的便利性，建立起双边经济合作区。① 当小范围的合作取得早期收获成果时，其示范与带动效应就能吸引区域内外其他国家逐渐参与，这样就像一个珊瑚礁，不断地积累，以至于形成一个庞大的合作型“岛屿链”，这些参与其中的国家就是整个链条上的节点，通过不断扩展的“岛屿链”将其他没有参与其中的国家包围与分割出来，那么没有参与其中的国家就成为整个网络中的“空白”。整体看上去建立合作网络的国家之间利益分享关系越来越密切，没有参与到网络中的国家则成为一个个孤立的节点，在示范效应与同辈压力下，就会有动力试探性了解与参与该网络。在“一带一路”倡议早期发展阶段，“N—X”合作机制就最能体现这种网络扩展模式。“N—X”合作机制是指参与区域或次区域合作的 N 个成员国在平等协商、友好合作和面向未来的基础上，选择 X 个成员国，率先开展双边或多边合作，而将条件不成熟、不愿意参与的成员国暂时排除在合作项目之外，在更小的范围之内以灵活的方式开展合作，降低因分歧过大导致的时间和机会成本，由易到难率先取得实质性合作成果，形成示范和带动效应，吸引更多

---

① 李铁立、姜怀宇：《次区域经济合作机制研究：一个边界效应的分析框架》，《东北亚论坛》2005 年第 3 期，第 90 ~ 94 页。

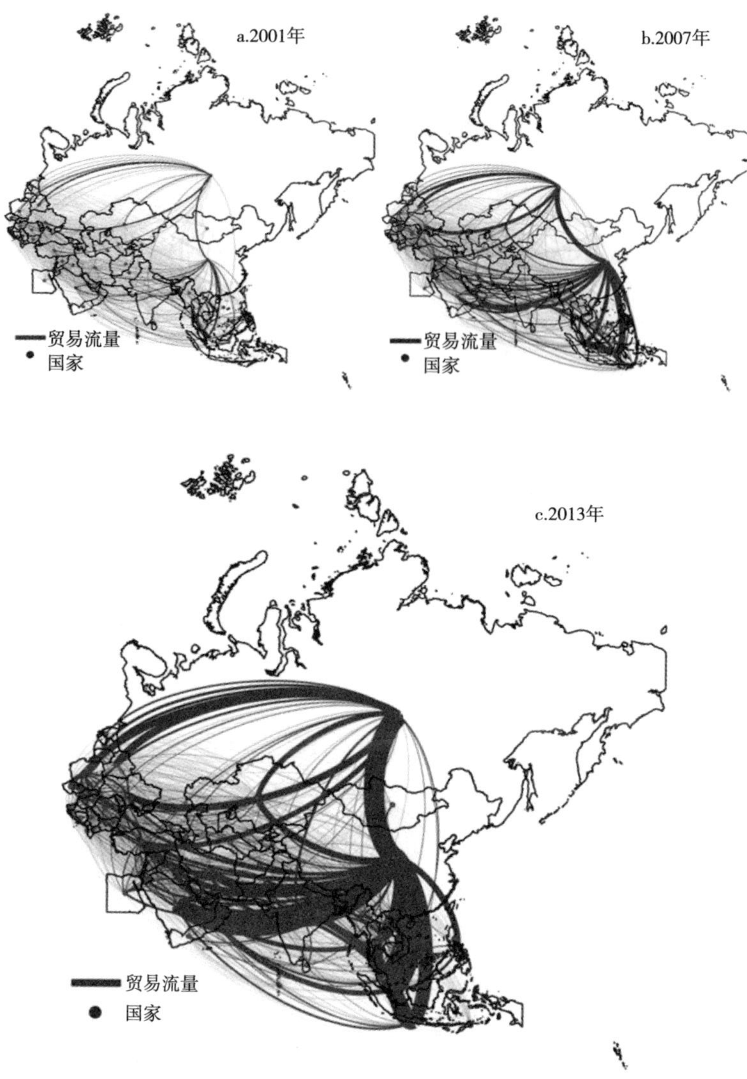

图 10 “一带一路”沿线的贸易流量示意：2001 年至 2007 年至 2014 年

资料来源：国际贸易中心（http://www.intracen.org/）；邹嘉龄等：《2001～2013 年中国与“一带一路”沿线国家贸易网络分析》，《地理科学》2016 年第 11 期，第 1631 页。

区域内国家共同参与、共同发展。[①] 例如在建立孟中印缅经济走廊时，中国主张从低政治领域、低敏感性领域开始，以渐进的模式先易后难、找准切入点，从四国互补性最强、合作愿望最迫切、最易突破、最易见效的领域和项目着手，通过一步棋走活带动整体活跃起来，形成广泛而多层次的沟通渠道与协调网络。

第二，将差异转化为合作的优势，主张共同发展，形成阶梯式的互补格局。再全球化的经济领域，互补比同质更重要，因为有差异所以才会互联。“一带一路”倡议之所以能获得沿线大多数国家的积极响应，是因为作为“世界工厂”与“贸易发动机”的中国，提供了一个使得具有不同要素禀赋的国家发挥比较优势的机会，通过互相依赖构成的互补体系更具有可持续性。根据世界银行提供的数据标准，“一带一路”倡议所涉及的65个国家发展并不同步，存在明显的发展时间差。从发展阶段上看，高收入国家、中高等收入国家在“一带一路”沿线国家总数中所占的比例并不高，高收入水平国家大约20个，总人口1.95亿人，占全世界高水平国家的16.4%；中高等收入国家为多数，共有21个，总人口达到5.29亿人，占世界发展中国家的20.4%；而中低收入水平的国家数量有19个，总

① 邹春萌：《“N—X”合作机制与早期收获项目：以孟中印缅经济走廊建设为例》，社会科学文献出版社，2016，第125～126页。

人口24亿人，占全球低收入国家的82.0%。[①] 具体而言，从竞争力排名、人均收入与发展模式方面透视“一带一路”沿线国家的多样性，我们可以看到这里几乎集合了世界上各种发展类型的国家与发展模式（参见表5）。例如，“一带一路”沿线国家中既有竞争力排名世界第2的新加坡，又有居世界第134位的缅甸；既有世界第二大经济体中国和人均GDP世界第3的卡塔尔，亦有人均GDP只有1000多美元的老挝、缅甸、柬埔寨和孟加拉国等联合国定义的最不发达国家；既有创新驱动型国家（如新加坡和卡塔尔）、效率驱动型国家（如中国、泰国）和由效率驱动向创新驱动转型的国家（如俄罗斯、土耳其和阿联酋），又有要素驱动型国家（如印度、巴基斯坦）和由要素驱动向效率驱动转型的国家。这种差异的层次性，并非阻挡区域合作的鸿沟，而是凝聚合作动力的重要优势。相互依赖与优势互补是“一带一路”沿线国家实现合作共赢的根本。再比如，65个沿线国家在产业结构方面也存在巨大的合作潜力。例如，新加坡和土耳其经济支柱以第三产业为主，服务业产值分别占国内生产总值的75%和65%；而阿曼、科威特、阿联酋、沙特阿拉伯等中东产油国和第一制造业大国中国的经济结构以工业见长，工业产值分别占国内生产总值的69%、67%、59%、57%和43%。除此之外，还存在缅甸、柬埔寨、老挝、

---

① 钟飞腾：《“一带一路”、新型全球化与大国关系》，《外交评论》2017年第3期，第1～26页。

塔吉克斯坦和巴基斯坦等大量前工业化国家，其经济结构中的农业比重偏高，农业产值分别占国内生产总值的57%、30%、28%、27%和25%。这些国家之间各有所长，互有所需，通过自由贸易就能突出自己的优势，带动国内与国际经济发展。① 面对65个国家多样化的经济社会发展水平、不同的宗教文化传统、不同的国家发展模式，需要充分发挥中国引领的“再全球化”的包容性、多样性与关联性特点。

表5 “一带一路”经济走廊沿线国家竞争力及其所处发展阶段

国家	世界排名	竞争力指数	指数构成			发展阶段
			基础条件	效率水平	创新水平	
新加坡	2	5.6	6.3	5.7	5.1	5
阿联酋	12	5.3	6.2	5.2	4.8	4
卡塔尔	16	5.2	6.1	5.0	5.1	5
马来西亚	20	5.2	5.5	4.9	5.0	4
沙特阿拉伯	24	5.1	5.7	4.6	4.2	2
中国	28	4.9	5.3	4.7	4.1	3
泰国	31	4.7	5.0	4.5	3.8	3
科威特	40	4.5	5.2	3.9	3.4	2
巴林	44	4.5	5.3	4.5	3.8	4
土耳其	45	4.5	4.8	4.4	3.9	4
阿曼	46	4.5	5.7	4.3	3.8	4
哈萨克斯坦	50	4.4	4.8	4.3	3.5	4
俄罗斯	53	4.4	4.9	4.5	3.5	4
越南	68	4.2	4.4	4.0	3.4	1

① 王金波：《“一带一路”经济走廊与区域经济一体化：形成机理与功能演进》，社会科学文献出版社，2016，第43页。

续表

国家	世界排名	竞争力指数	指数构成			发展阶段
			基础条件	效率水平	创新水平	
印　　度	71	4.2	4.2	4.2	3.9	1
塔吉克斯坦	91	3.9	4.2	3.5	3.5	1
老　　挝	93	3.9	4.1	3.6	3.5	1
柬 埔 寨	95	3.9	4.1	3.6	3.2	1
蒙　　古	98	3.8	4.0	3.8	3.2	2
孟加拉国	109	3.7	3.8	3.6	3.0	1
吉尔吉斯斯坦	108	3.7	3.9	3.6	3.0	1
巴基斯坦	129	3.4	3.3	3.6	3.5	1
缅　　甸	134	3.2	3.4	3.1	2.6	1

注：发展阶段中 1 表示要素驱动，2 表示从要素驱动向效率驱动转型，3 表示效率驱动，4 表示从效率驱动向创新驱动转型，5 表示创新驱动。

资料来源：World Economic Forum，*The Global Competitiveness Report*（*2014 ~ 2015*）相关数据。转引自王金波《“一带一路”经济走廊与区域经济一体化：形成机理与功能演进》，社会科学文献出版社，2016，第 14 页。

辩证地看，也正是具有差距，共同发展才更加有意义。作为全球第一货物贸易大国、第一制造业大国和世界第二大经济体，中国所倡议的“一带一路”建设完整包含了“发达国家—新兴国家—发展中国家”三个世界，是“再全球化”模式在亚欧地区的典型试验。当这种互补合作促进沿线国家缩小差距时，也就是在为世界范围内缩小南北差距，填补“高层全球化”与“低层全球化”鸿沟做贡献。发展中国家和新兴经济体整体实力的进一步增强，有助于提升其在全球治理中的话语权和增强其代表性，缓解传统自由主义全球化的政治与经济脱离、国内与国际分离、高层结构与低层结构相对立的难题，为全球化的均衡发展增添正能量。推进产业合作的策略也必须因国而异、因地制宜：对工业化水平相对较低的国家而言，“一带一路”倡议将其更加便利地接入全球价值链，有助于通过扩大商品贸易带动就业，丰富消费产品种类，提升当地消费者福利；而且与和自身有差异的经济体合作可以为自身产业转型创造条件与积累经验。对中等工业化国家而言，可与中国完备的产业体系进行对接，在劳动密集型产业方面可以承接中国的过剩产能，同时有针对性地补齐技术、人力与管理模式上的短板。而面对高度发达的工业化国家或后工业化国家，中国则致力于发挥自身广阔市场优势，在创新、人才与高水平管理方面与之进行合作发展，例如可以合作开办全球创新基地，在环保、网络、新兴技术标准与知识产权保护方面开展差异化合作。① 目前欧亚大陆的相互依赖发展格局正在形成。有研究指出，中国已经超越美国在亚欧地区成为主要的初级产品与资金供给来源。例如，2015 年中国对“一带一路”沿线国家的初级产品市场提供指数非常高，其中对蒙古国、泰国、菲律宾和越南的初级产品市场提供指数都超过 20，表明这些国家对中国初级产品市场具有极强的依赖；与之相对照，美国对“一带一路”沿线国家的初级产品市场提供指数开始变弱，代表着美国参与这些地区的产业分工的力度开始下降。而 2010 ~ 2015 年，

① 王力强、王镭主编《“一带一路”与亚洲国家的共同发展》，社会科学文献出版社，2017，第 35 ~ 37 页。

中国成为这些地区最大的初级产品贸易方。[①]

第三，循序渐进，建设国内与国际联动的“点—轴—网”经济系统。中国引领的“再全球化”合作内容由“单一”到“复杂”，合作领域由经济外溢至政治、安全，合作形式由“低阶”向“高阶”综合演变。[②] 值得指出的是，就发展层次而言，“一带一路”不仅在国际上实现相互联通，也将中国繁荣的东部沿海区域与西部相对落后地区都接入再全球化进程。通过先富带动后富、东部带动西部、国际带动国内，“一带一路”建立起从节点到轴线，从轴线到网络的多层次互动格局，有效实现了中国与其他国家的国内发展与国际发展两个大局的联动。从区域经济学角度分析，“经济走廊”是以交通干线为主轴、辐射周边城市区域所形成的“经济带”，是以跨境交通干线为主轴，以次区域经济合作区为腹地，开展产业对接合作、物流商贸等形成的带状空间地域综合体，因而具备很明显的跨层次性。[③] 在“一带一路”倡议框架下，中国积极提出了“六大经济走廊”规划，该计划一方面可以帮助沿线国家完善基础设施，另一方面也可以进一步推动中国东部与西部地区的融

① 冯永琦、黄翰庭：《“一带一路”沿线国家对中国产品市场的依赖度及中国的对策》，《当代亚太》2017 年第 3 期，第 140 页。

② 陆大道：《关于“点—轴”空间结构系统的形成机理分析》，《地理科学》2002 年第 1 期，第 1 ~ 6 页。

③ 王磊、黄晓燕、曹小曙：《区域一体化视角下跨境经济走廊形成机制与规划实践——以南崇经济带发展规划为例》，《现代城市研究》2012 年第 9 期。

合，通过地方性、国家性、区域性、全球性的多层开放，让产业分工与交通联通在多个层次相结合，形成高效的生产共同体。[①]“一带一路”倡议所探索的新型地区合作模式，可助推沿线落后国家摆脱“发展洼地”，有助于解决当前全球化面临的贫富差距、区域发展不平衡、利益分配不公正等难题。当前，中国倡导建设的新亚欧大陆桥经济走廊、中蒙俄经济走廊、中国—中亚—西亚经济走廊、中国—中南半岛经济走廊、孟中印缅经济走廊、中巴经济走廊，分别从北向、西向与南向三个方向，让区域经济合作连点成线、连线成面，构成辐射效应。

六大经济走廊将主要国家与城市“嵌入”全球价值链。在北向维度上，新亚欧大陆桥、中蒙俄经济走廊经过亚欧大陆中东部地区。其中，新亚欧大陆桥由新疆阿拉山口出境，经哈萨克斯坦、俄罗斯、白俄罗斯、乌克兰、波兰、德国，最后到达荷兰的鹿特丹港。新亚欧大陆桥的贯通改变了世界物流的横向格局，新亚欧大陆桥比西伯利亚大陆桥缩短陆上运距2000～2500公里，到中亚、西亚各国优势更为突出。新亚欧大陆桥的东、西两端连接着太平洋与大西洋两大全球经济中心，这里有数百种矿产资源，能源尤为富集，煤炭储量2万亿吨以上，石油储量约1500亿吨，天然气储量近7500亿立方米，合作前景

① 刘稚：《大湄公河次区域经济走廊建设和中国的参与》，《当代亚太》2009年第3期，第57～65页。

广阔。[①] 中蒙俄经济走廊则发挥三国陆路连接的地理优势，将三个发展中国家的产业结构调整与经济走廊延伸的网络区间对接起来，不仅将充满经济活力的东亚经济圈与发达的欧洲经济圈联系在一起，更畅通了连接波斯湾、地中海和波罗的海的合作通道。[②] 这些经济走廊不仅建立在不断扩大的共同利益基础之上，而且也会创造新的利益共享模式，其中利益的创造、交叠与合理分配将使曾经处在边缘的亚欧大陆北线出现经济繁荣的迹象。通过开放包容，不仅能把发展蛋糕做大，而且会将蛋糕的层次与质量升级。2014 年 9 月 11 日，中国国家主席习近平在中国、俄罗斯、蒙古国三国元首会晤时提出，将“丝绸之路经济带”同“欧亚经济联盟”、蒙古国“草原之路”倡议对接，打造中蒙俄经济走廊。2016 年 6 月 23 日，三国元首共同见证签署了《建设中蒙俄经济走廊规划纲要》，这是共建“一带一路”框架下的首个多边合作规划纲要。蒙古国是一个完全的内陆国家，没有自己的出海口，由于距离的原因其 92% 的货物经由中国出口，73% 的商品经由俄罗斯输入，在交通运输方面完全依赖中俄两国。中、俄、蒙在资源禀赋、产业结构和技术水平上存在明显差异：中方主要出口制成消费品，而蒙古国主要出口原材料与农产品，俄罗斯则在核电、航空、航天、电

---

① 阿不都艾尼：《新亚欧大陆桥经济走廊建设与发展》，载李曦辉、邓光奇主编《中国民族地区经济发展报告（2017）》，社会科学文献出版社，2017，第 88 ~ 107 页。

② 推进“一带一路”建设工作领导小组办公室：《共建“一带一路”：理念、实践与中国的贡献》，2017，第 5 页。

子等领域具有明显技术优势。[1] 在中蒙俄经济走廊框架下，三方致力于把各自发展计划结合起来，在拉动交通基础设施互联互通和跨境运输等领域建立长期稳定合作关系。[2]

在西向维度上，推进建设中国—中亚—西亚经济走廊。该经济走廊从新疆阿克苏地区出境，经吉尔吉斯斯坦、乌兹别克斯坦、土库曼斯坦、伊朗，再穿越土耳其、罗马尼亚到荷兰鹿特丹港，是一条主要穿越伊斯兰国家的跨国经济走廊。历史上，公元前 119 年张骞出使西域就开辟了历史悠久的丝绸之路。该经济走廊沿线国家能源、资源富集，特别是蕴藏着大量的石油、天然气和矿产资源，但是这一地区由于经济发展滞后又缺乏资金，需要中国的基础设施投资与工业化建设经验。对此，2014 年中国—阿拉伯国家合作论坛第六届部长级会议提出构建以能源合作为主轴，以基础设施建设、贸易和投资便利化为两翼，以核能、航天卫星、新能源三大高新领域为突破口的中阿“1 +2 +3”合作格局。2016 年 G20 杭州峰会期间，中哈（萨克斯坦）两国元首见证签署了《中哈丝绸之路经济带建设和“光明之路”新经济政策对接合作规划》。中国与塔吉克斯坦、吉尔吉斯斯坦、乌兹别克斯坦等国签署了共建丝绸之路经济带的合作文件，与土耳其、伊朗、沙特、卡塔尔、科威特等

---

① 中国商务年鉴编委会：《中国商务年鉴 2010》，中国商务出版社，2010，第 393 页。

② 《把丝绸之路经济带同俄跨欧亚大铁路、蒙古国草原之路倡议进行对接——习近平出席中俄蒙三国元首会晤》，新华网，2014 年 9 月 12 日。

国签署了共建“一带一路”合作备忘录。①

在南向维度上，中国—中南半岛经济走廊、孟中印缅经济走廊、中巴经济走廊齐头并进。中巴和孟中印缅经济走廊经过亚洲东部和南部这一全球人口最稠密地区，连接沿线主要城市和人口、产业集聚区。孟中印缅经济走廊以昆明、曼德勒、达卡、加尔各答等沿线主要城市为依托，以铁路、公路、航空、水运、电力、通信、油气管道等通道为纽带，将四国相关地区的经济连成一体。随着有“中国第四大能源进口通道”之称的中缅油气管道全线建成，中国西南部、缅甸北部、印度东北部、孟加拉国东部等边疆地区加速融入经济全球化的进程。2013 年 5 月，中国和印度共同倡议建设中印缅孟经济走廊的构想被写入联合声明。2014 年 7 月，习近平主席提出“推进孟中印缅经济走廊建设”的倡议。三大经济走廊分别从西南方向、东南方向与正南方面将南亚与东亚串联起来，网络辐射范围十分广阔。2015 年 4 月 20 日，中巴两国领导人出席中巴经济走廊部分重大项目动工仪式，签订了 51 项合作协议和备忘录，其中近 40 项涉及中巴经济走廊建设。中巴经济走廊北接丝绸之路经济带，南连海上丝绸之路，贯通南北丝路枢纽，其南起瓜达尔港，北至中国新疆喀什，是一条包括公路、铁路、油气管道、通信光缆等在内的贸易

① 推进“一带一路”建设工作领导小组办公室：《共建“一带一路”：理念、实践与中国的贡献》，2017，第 12 页。

走廊，也是中国同周边互联互通的旗舰项目。其中瓜达尔港作为重大基础设施项目，成为中巴两国签署的20多项合作协议中的重中之重。此外，2016年5月第九届泛北部湾经济合作论坛暨中国—中南半岛经济走廊发展论坛发布《中国—中南半岛经济走廊倡议书》，区域经济融合新模式顺利推进。[①] 上述各大经济走廊建设不仅注重硬件方面的互联互通，也强调软件方面的互联互通，例如人员、货物通关便利化是经济走廊合作的重点之一。当然，上述经济走廊的运作环境较为复杂，面临各方竞争与挑战（参见表6）。

表6 中国周边经济走廊影响因素分析

走廊名称	涉及国家	政治因素	安全因素	宗教因素	文化因素
新亚欧大陆桥	中国、哈萨克斯坦、俄罗斯、白俄罗斯、乌克兰、波兰、德国	当事国不认为中国会与之争夺主导权，政治风险低	部分中亚国家担心中国主导中亚安全格局，然而“上海合作组织”等安全合作发展迅速	以东正教、天主教国家为主，哈萨克斯坦伊斯兰教比较世俗化，宗教风险较低	文化差异、国家发展模式不同，互不输出文化价值观，民众之间相对陌生，文化互通存在难度
中蒙俄	中国、俄罗斯、蒙古国	俄、蒙非美国盟友政治风险低	对中国崛起存在观望态度，安全竞争风险中等	中、蒙、俄没有宗教纷争，宗教风险低	中、俄存在一定文化差异；中、蒙文化接近，有共享的历史传统

① 《中国对外投资额2012年创新高》，新华网，2013年2月7日，http://news.xinhuanet.com/2013-02/07/c_114649041.htm。

续表

走廊名称	涉及国家	政治因素	安全因素	宗教因素	文化因素
中国—中亚—西亚	中国、吉尔吉斯斯坦、乌兹别克斯坦、土库曼斯坦、伊朗、土耳其、罗马尼亚、荷兰	没有争夺区域领导权的意志，地缘冲突风险低	恐怖主义与极端势力蔓延，安全环境面临严峻挑战	沿线大多为伊斯兰国家，其教义并不完全接受世俗化国家，宗教风险大	文化差异大，交往障碍与风险明显
中巴	中国、巴基斯坦	印度的地缘政治压力	涉及印巴争议区域	该国部族林立、教派纷争频发，宗教风险大	文化存在较大差异，风险较大
孟中印缅	中国、孟加拉国、印度、缅甸	印度防范中国争夺南亚控制权，地缘竞争意识敏感	印度警觉崛起的中国会提出更多领土与安全缓冲区要求	以佛教为主，与中国的世俗化社会较为接近	与中国文化差异较大，文化风险中等
中国—中南半岛	中国、东盟10国	东盟国家多与中国地缘政治分歧不大，地缘政治风险较小	经济靠中国、安全靠美国，在南海问题上与中国的安全分歧较多	东盟伊斯兰国家多为岛国，其他国家比较世俗化，宗教风险较小	东南亚国家与中国的文化渊源较深，民心相同程度高

资料来源：改编自李曦辉《基于地缘政治视角的中国周边经济走廊研究》，载李曦辉、邓光奇主编《中国民族地区经济发展报告（2017）》，社会科学文献出版社，2017，第13～14页。

三　地缘政治的误解与澄清

“一带一路”倡议涉及范围广泛，其中不可避免会遭遇大国博弈与地缘政治竞争。部分大国从传统零和思维角度出发，担心“一带一路”倡议挤压其在本地区的影响力，因此不仅自己排斥“一带一路”倡议，而且积极设法阻止其盟友和伙伴参与其中。比如美国、日本与印度就对中国的“一带一路”倡议疑虑重重，西方舆论界也屡屡将“一带一路”倡议描述为中国称霸亚洲的战略图谋。除了大国纷争，区域合作本身也不可能一帆风顺，如何妥善解决或者化解合作进程中的争端，比如中国与邻国之间的领土问题，以及不同邻国之间的经贸合作谈判、难民问题与宗教冲突等，也构成巨大挑战。中巴经济走廊遇到的重大安全问题就涉及如何妥善解决中印边界争端、印巴克什米尔争端、印孟外来人问题及河水争端等。中国屡次表示要将“一带一路”建成和平之路、开放之路，倡导摒弃地缘政治思维，各国尊重彼此主权、领土完整，尊重彼此核心利益和重大关切，任何的区域合作伙伴关系都不针对任何第三方。事实上，中国引领的再全球化以开放、包容的精神，欢迎各国都积极参与，共同分享发展机遇。但是，不可回避的是，作为全球公共产品的“一带一路”倡议在供给方面充满竞争性。

在无政府状态下，大国会为了提升自身国际影响力与吸引力，竞相推出各具特色的公共治理方案和产品。[①] 在全球化时代，国际制度竞争已经成为大国权力竞争的重要载体。为了在

① 李巍：《国际秩序转型与现实制度主义理论的生成》，《外交评论》2016 年第 1 期，第 31 ~ 59 页。

竞争中占据优势，崛起国与霸权国都会尽可能地满足消费者的需求，以捍卫或增强自己的国际地位。① 这种供给竞争体现在供给的产品若功能趋同将激化竞争上。为了争取国际社会的认同和塑造全球影响力，具备实力的大国往往会主动向国际社会供给公共产品，用“让利”换“认可”。② 在现实中，各大国会为争夺全球公共产品供应权而战，这是一场没有硝烟的战争，而这种竞争又很容易在交叉重叠的供给领域中被激化。特别是在全球权力转移的关键期，崛起国实力迅速壮大，霸权国相对衰落，两者围绕权力地位或国际声望的角逐就会日趋激烈。崛起国要扩大自身影响力，就需要提供比霸权国更优质的公共产品，这样才能在争夺领导权的竞争中得到更多优势。供给侧的逻辑指出，每个供给主体一方面要争取消费者，另一方面也面临着其他卖家的竞争压力，如何平衡这两方面是供给优质产品的关键。由于消费者数量是既定的，如果在同一个领域面对同样的消费者，那么必然存在竞争。特别是当供给的内容与方式也趋同时，竞争激烈程度会进一步上升。相反，在不同领域或者同一领域的功能分化则可降低竞争的激烈程度。

首先，供给背后的权力角逐会引发地缘政治竞争。③ 在国

---

① 杨原：《大国无战争时代霸权国与崛起国权力竞争的主要机制》，《当代亚太》2011 年第 6 期，第 6～32 页。

② 杨原：《崛起国如何与霸权国争夺小国？——基于古代东亚历史的案例研究》，《世界经济与政治》2012 年第 12 期，第 26～52 页。

③ 〔法〕罗朗柯恩·达努奇：《世界是不确定的：全球化时代的地缘政治》，吴波龙译，社会科学文献出版社，2009，第 32～35 页。

际秩序转型的关键期，大国实力竞争也会触发公共产品的供给竞争，甚至会上演一场“制度之战”。[①] 在大国相互依赖、相互竞争的背景下，中国要供给具有自身特色的公共产品，必须充分评估自己面临的可能风险与压力。当前在全球治理出现赤字、全球化浪潮低落的背景下，中国积极供给全球公共产品的行为却面临诸多误解与歪曲性理解。不少西方学者曾忧虑地指出，围绕“一带一路”倡议、亚投行、互联网规则等公共产品的“软实力”竞争与传统的地缘政治竞争正在重叠。现存国际秩序为美国所确立，中国等新兴国家对国际秩序和国际规则的创新，很容易引发霸权国的疑虑与防范。对美国而言，中国提供的全球公共产品倡议越多，受到国际欢迎的程度越大，就对其领导地位的潜在威胁越明显。特别是中国公共产品对美国建立的传统公共产品的替代，会挫伤美国的霸主信誉。正是出于对这种“溢出效应”或“多米诺骨牌”效应的担忧，美国试图以亚太再平衡战略将中国的全球影响力“推回去”。[②] 也正是由于这个原因，“一带一路”、亚投行往往被一些西方人士解读为中国的一种地缘政治野心，认为它们是在为中国地区霸权铺路。甚至有不少欧美分析家认为，“一带一路”是当代“中国版的马歇尔计划”。[③] 对于一个相对衰弱的霸权国而言，崛起

① 李巍：《制度之战：战略竞争时代的中美关系》，社会科学文献出版社，2017，第176～211页。

② 阎学通：《中国如何能够打败美国》，《国防时报》2011年12月12日。

③ 翁海华：《中国版“马歇尔计划”的一箭三雕》，新浪财经，2014年11月6日，http：//finance. sina. com. cn/zl/bank/20141106/132720749143. shtml。

国不论提供“国际公益”还是产生“国际公害”，都会触及其敏感神经。[①]

其次，在制度领域，公共产品若存在功能重叠，则会面临公共产品供给竞争的可能。在亚太地区，随着中美实力不断接近，所谓的“经济上靠中国，安全上靠美国”的二元格局正在形成。[②] 而这种实力接近并不一定必然导致公共产品供给竞争，只有当两者供给的产品同质时，主导权竞争才会日趋激烈。譬如，有学者认为，2008 年全球金融危机爆发就是这样一个节点，中国在经济领域的影响力开始向政治、制度甚至安全领域扩展，以至于引起美国的警觉，导致奥巴马政府高调“重返亚太”。[③] 随着中国的经济影响力外溢成制度创设力、政治号召力，甚至安全保障力，中美两强的公共产品同质性就越来越高，竞争压力也就越来越大。当这种竞争超出可控范围时，就会导致公共产品供给效率下降，甚至出现“制度过剩”的负面

---

① 钟飞腾：《“一带一路”、新型全球化与大国关系》，《外交评论》2017 年第 3 期，第 1～26 页。

② Christopher Layne, “The Global Power Shift from West to East,” *The National Interest*, May/June 2012, pp. 21－31；阎学通：《权力中心转移与国际体系转变》，《当代亚太》2012 年第 6 期，第 4～21 页；Wang Dong, “Two Asias? China's Rise, Dual Structure, and the Alliance System in East Asia,” in Robert. S. Ross and Oystein Tunsjo eds., *Strategic Adjustment and the Rise of China: Power and Politics in East Asia*, Ithaca and London: Cornell University Press, pp. 100－134.

③ 朱锋：《奥巴马政府“转身亚洲”战略与中美关系》，《现代国际关系》2012 年第 4 期，第 7 页；刘丰：《东亚地区秩序转型：安全与经济关联的视角》，《世界经济与政治》2016 年第 5 期，第 32～55 页。

后果。[①] 在经贸制度领域，由美国主导的“跨太平洋伙伴关系协定（TTP）”等高标准自由贸易协定尽管一波三折，前途未卜，但是其排除中国与抢占新型规则制定权的意图，无疑加深了中国的疑虑。[②] 在亚太地区，中国倡导的“一带一路”倡议、美国主导的TTP、东盟发起的“区域全面经济伙伴关系（RCEP）”等实质上都在试图抢占新一轮国际贸易规则的制高点。[③] 此外，美国的“新丝绸之路计划”、俄罗斯主导的“欧亚经济联盟”、日本的“高质量基础设施合作伙伴关系”、印度主导的“东向行动政策”（Act East Policy）与“季风计划（Project Mausam）”、哈萨克斯坦等国的跨欧亚运输计划、土耳其发起的“现代丝绸之路”计划等，实际上与中国的“一带一路”倡议存在重叠和竞争。[④] 其中，日本政府在2015年提出的“高质量基础设施合作伙伴关系”项目主张发挥其在基础设施建设领域的“高质量”优势与50多年的国际开发经验，针对中国“便宜高效”的基建模式进行竞争。[⑤] 尽管“一带一路”倡议、亚投行等新型公共产品有助于促进国际规则的多元化，

---

① 李巍：《东亚经济地区主义的终结？——制度过剩与经济整合的困境》，《当代亚太》2011年第4期，第6~32页。

② 赵洋：《中美制度竞争分析：以“一带一路”为例》，《当代亚太》2016年第2期，第28~57页。

③ 孙忆：《国际制度压力与中国自贸区战略》，《国际政治科学》2016年第3期，第125~161页。

④ 祁怀高：《“一带一路”对中国周边外交与亚洲发展的影响》，《中国周边外交学刊》2015年第二辑，第70~85页。

⑤ 孟晓旭：《日本高质量基础设施合作伙伴关系的构建与前景》，《国际问题研究》2017年第3期，第76~88页。

解决既有全球治理体系的低效与不公平问题，但不可避免将面临竞争（参见表7）。对此，摒弃零和思维，坚持“共商、共建、共享”原则是开拓共同发展空间的根本之道。

表7 “一带一路”潜在的合作与竞争项目

区域战略	参与国家	潜力评估
欧亚经济联盟	俄罗斯、白俄罗斯、哈萨克斯坦、亚美尼亚、吉尔吉斯斯坦	在2025年前实现商品、服务、资本和劳动力的自由流动，形成一个有1.7亿人口的统一市场
跨欧亚大铁路	俄罗斯、哈萨克斯坦、白俄罗斯、波兰、德国、荷兰	以海参崴为起点横穿西伯利亚通向莫斯科，连接波兰和德国，最后到荷兰鹿特丹港
琥珀之路	爱沙尼亚、波兰、捷克、奥地利、德国、意大利、希腊、瑞士、荷兰、比利时、法国、西班牙	经维斯瓦河和第聂伯河运输到意大利、希腊和埃及，从欧洲北部的北海和波罗的海通往欧洲南部的地中海
新丝绸之路	美国、阿富汗、印度、巴基斯坦	把阿富汗作为连接中亚和南亚的纽带和中心国家，中南亚地区形成地区交通和经济紧密联系的网络，促进区域经济一体化
东盟自由贸易区	菲律宾、泰国、缅甸、马来西亚、印尼、越南等十国	提倡以平等合作精神共同努力，促进东南亚地区经济增长，社会进步与文化发展
季风计划	印度、埃及、苏丹、沙特、也门、阿曼、斯里兰卡、泰国、马来西亚、新加坡、印尼、菲律宾等	季风计划落在广义的印度洋世界，从东非、阿拉伯半岛、印度次大陆、斯里兰卡到东南亚群岛，印度恢复与印度洋海域国家的密切联系
地中海联盟	法国、阿尔及利亚、摩洛哥、突尼斯、塞浦路斯、埃及、以色列、约旦、黎巴嫩、马耳他、叙利亚、土耳其，扩展至43国	由法国前总统萨科齐提出，建立经济、能源、移民、民主制等方面的合作关系，并与欧盟建立自由贸易关系
欧洲“容克”计划	德国、法国、荷兰、意大利、波兰、西班牙、卢森堡、比利时等欧盟国家	2014年11月出台的欧盟投资计划，即“容克”计划，旨在促进欧盟境内投资、促进经济增长、加快产业转型以及提升欧洲竞争力

续表

区域战略	参与国家	潜力评估
日本“高质量基础设施合作伙伴”计划	不局限于亚洲，涉及中南美地区、非洲、俄罗斯西伯利亚和远东地区、美国等	2015 年，日本首相安倍晋三提出主要针对亚洲的对外基础设施输出新战略，在推进中不断扩展投资地域和领域，参与实施机构不断增加
“亚非发展走廊”（也称“自由走廊”）	由印度、日本主导	2017 年 9 月提出“亚非增长走廊”倡议，通过印日合作在非洲发展高质量的基础设施，辅以数字连接
光明大道	哈萨克斯坦	计划将建设从首都阿斯塔纳辐射全国各地的公路、铁路和航空线路等交通网络
海上高速公路	印度尼西亚	包括扩建北苏门答腊、雅加达、东爪哇、南苏拉威西和巴布亚 5 个大型枢纽港，提高物流效率，发展工业园区等
草原之路	蒙古国	由 5 个项目组成，包括连接中俄的 997 公里高速公路、1100 公里气化铁路、扩展跨蒙古国的铁路及天然气和石油管道
振兴计划	埃及	经济结构调整；建设基础设施和学校、医院等公共设施；明确产业发展目标；实施城市化发展政策

资料来源：笔者自制。

针对西方舆论界对“一带一路”倡议的地缘政治误读，中国领导人多次明确反对用非黑即白的对立性思维来看待“一带一路”倡议对全球化的促进作用。习近平主席在 2017 年 9 月召开的金砖国家工商论坛上明确指出：“共建‘一带一路’倡议不是地缘政治工具，而是务实合作平台；不是对外援助计划，而是共商共建共享的联动发展倡议。共建‘一带一路’倡议将为各国实现合作共赢搭建起新的平台，为落实2030年可持续发展议程创造新的机遇。”① 实际上，如果用“中国版马歇尔计划”来囊括中国在欧亚大陆推行的“一带一路”倡议，显然没有清楚认识到二者之间的根本差异：无论从时代背景、战略目标、运作方式、国家实力还是最终影响结果看，“一带一路”倡议都绝不是中国的“马歇尔计划”，这体现在以下三个方面。

第一，“一带一路”倡议的时代背景与目的不同于马歇尔计划。众所周知，马歇尔计划产生于冷战初期，适应了美国推行全球霸权政策的需要。二战结束后，欧洲国家饱受战乱之苦，百废待兴，普遍面临着严重的经济、政治危机。同时，国际力量对比也发生了根本性的变化，欧洲作为世界政治经济中心的地位和作用被弱化，美国却大发战争横财，并在战后成为无可匹敌的超级大国。反观21世纪的今天，和平与发展成为时代主题，世界朝着政治多极化、经济全球化、文化多样化方向发展，任何国家或者集团都无法单独主宰世界事务，国际力量对比朝着有利于和平与发展的方向行进。中国尽管已经成为世界第二大经济体，但在经济发展质量、人民生活水平、国防力量、国家软实力方面仍然落后于部分西方国家，中国目前还只是国际规则的参与者、维护者和改革者。

第二，从援助条件上看，在马歇尔计划中，受援国必须接

---

① 《习近平在金砖国家工商论坛开幕式上的讲话》，新华社，2017年9月3日。

受并履行《对外援助法案》中对美国的承诺，包括：与他国开展合作、为美国出于战略目标购买原料提供方便，不能损害美国的经济稳定，经济上接受美国的监督，美国经济合作署署长有权对援助条款追加条件等，实质上它是美国意志的反映，具有强烈的政治意味和排他性，一开始便有意将苏联排除在外。这种有条件的援助，能够实现对欧洲经济和政治上的双重控制，遏制共产主义在西欧的发展，建立美国在西欧的盟主地位。比较来看，“一带一路”倡议首先是强调共同发展，以开放性和包容性为主要特征，不具排他性，不针对第三方，“任何有意愿的国家都可以参加”。而在亚投行的创始成员中，发达国家与发展中国家、资本主义国家与社会主义国家、大国与小国并存。“一带一路”倡议提供但并不期望推行一种中国式的价值观，更没有明显的意识形态目标。因此，无论从实施背景与目的还是原则与方式上来看，中国所倡导的“一带一路”倡议都绝不是翻版的马歇尔计划。“一带一路”倡议中的国家关系是平等互利的，不存在中国占据支配地位的可能，其目的在于实现经济上的互利共赢。并且，中国是否能真正使沿线国家摒弃宗教文化与意识形态上的偏见，达成普遍共识，仍然有待观望。但种种迹象表明，中国并不期望也不可能通过“一带一路”倡议实现以中国为中心的等级秩序。相反，在更大的历史视野内，“丝绸之路经济带”和“21 世纪海上丝绸之路”倡议的提出，正是中国基于兼容性普遍主义（universalism）对新的全球和地区合作议程的具体化。

第三，“一带一路”倡议致力于缩小发展中国家与发达国家的差距，避免传统全球化导致的两极分化。长期以来，全球化的经济结构存在“中心—外围”二元结构，发达国家与外围国家之间的工业制成品与原材料贸易造成的剪刀差是构成全球化不公平的根源之一。而以中国为代表的新兴国家开始从边缘走向中心，同时成为发达国家与发展中国家的最大贸易伙伴，由此全球化结构由二元结构演变成一种新的“三个世界”格局：即发达国家—新兴国家—外围国家相互联通的状态。新“三个世界”格局不同于20世纪70年代毛泽东提出的“三个世界”划分。在当时的冷战环境中，毛泽东认为美苏是代表霸权集团的第一世界，欧洲、日本、加拿大与澳大利亚则是传统的发达国家，是第二世界，而剩下的所有不发达与发展中国家则属于第三世界，这种三个世界的划分其实还是二元结构划分，展现的仍是冷战二元格局的思维。如今中国引领的再全球化开始超越高层全球化与低层全球化的对立，积极发挥新兴国家的桥梁作用，缩小中心—外围之间的等级差距，致力于促进世界更加包容与多元。由此看来，“一带一路”倡议的最大优点在于它考虑了再全球化进程支配下的新“三个世界”的基本特征，获得了时间—空间与国内—国际的联动性，可以为参与国带来巨大的发展红利，同时避免新的核心—边缘结构的生成。①

---

① 杨成：《新大陆主义：跨欧亚一体化的战略图景》，《文化纵横》2015年第3期，第20～26页。

第五章　亚投行助力再全球化

多歧路，今安在？乘风破浪会有时，直挂云帆济沧海。

——唐代诗人李白《行路难三首》

独行快，众行远。欢迎大家搭乘中国发展的列车，搭快车也好，搭便车也好，我们都欢迎。

——2014 年 8 月习近平主席出访蒙古国时的讲话

中国的大国地位在经济发展和综合国力提升的基础上逐步确立，今后需要通过各种方式以实际行动展示中国的政策和对国际秩序的愿景，而供应公共产品成为可选择的最优方案之一。随着中国外交政策从“韬光养晦”走向“奋发有为”，中国参与全球治理的积极性愈发凸显。十八大报告明确提出：“加强同世界各国交流合作，推动全球治理机制变革”，“中国坚持权利和义务相平衡，积极参与全球经济治理”。[①] 而习近平

① 《走近世界舞台中心——党的十八大以来外交工作成就综述》，新华社，2017 年 8 月 27 日，http：//news. xinhuanet. com/politics/2017 -08/27/c_ 1121549869. htm。

总书记在十九大报告中更是明确指出：当前“全球治理体系和国际秩序变革加速推进”，“中国秉持共商共建共享的全球治理观”，“将继续发挥负责任大国作用，积极参与全球治理体系改革和建设，不断贡献中国智慧和力量”。[①] 整体而言，十八大以来中国贡献的区域和全球公共产品分为两大类：创造性的新型公共产品与重点供给的传统公共产品，其中亚洲基础设施投资银行是中国创建的最具影响力的国际金融组织，对再全球化的推动意义重大。早在 2013 年 10 月习近平主席出访东南亚时，就提出了筹建亚洲基础设施投资银行的想法。此后，2014 年 10 月 24 日，中国、新加坡、印度等 21 个国家在北京签署了《筹建亚投行备忘录》，首批签署的国家主要来自中亚、南亚和东南亚。2015 年 3 月，英国、韩国、俄罗斯、德国和法国等经济强国相继提出了加入申请。除了美国和日本，世界十大经济体的其他国家都已提出了加入申请。2015 年 4 月 15 日，亚投行意向创始成员全部确定，57 个国家正式成为亚投行意向创始成员。2015 年 12 月 25 日，亚洲基础设施投资银行成立，它是中国政府牵头建立的第一个重要的国际金融组织，虽然只是一个区域性的支点，但是在国际杠杆作用下仍将会迸发撬动世界的力量。

---

① 习近平：《决胜全面建成小康社会　夺取新时代中国特色社会主义伟大胜利——在中国共产党第十九次全国代表大会上的报告》，2017 年 10 月 18 日，《人民时报》2017 年 10 月 28 日第 1 版。

一　中国构建亚投行的动因

亚投行是中国主导创建的地区性多边金融机构，其主要功能定位为为亚洲国家的基础设施建设提供资本服务，以支持包括交通、能源、电信、农业和城市发展在内的各个领域的投资。这是新时期中国推进周边外交，配合“一带一路”倡议，践行构建人类“命运共同体”和“亲、诚、惠、容”等外交新理念的重要举措。关于中国主导创设亚投行的动因，基本可以归结为以下三个方面。

第一，提供国际公共产品，肩负大国责任。十八大以来，中国主导提议成立“金砖国家新开发银行”“上海合作组织银行”“丝路基金”“亚洲基础设施投资银行”等一系列新的金融机构和机制，突出体现了中国制度创新的潜力，彰显了包容开放与合作精神。[①] 新加坡南洋理工大学拉惹勒南国际研究院副教授李明江认为，目前全球经济增长疲软，中国供给的国际基础设施建设，真正从物理上实现了国家地区间的互联互通，为沿线国家未来几十年的发展打下良好基础。[②] 2017 年 3 月 23

---

① 涂永红、王家庆：《亚投行：中国向全球提供公共物品的里程碑》，《理论视野》2015 年第 4 期，第 62 ~ 65 页；曹德军：《中国外交转型与全球公共物品供给》，《中国发展观察》2017 年第 5 期，第 33 ~ 35 页。

② 李雪笛等：《综述：“一带一路”促共赢，立足长远惠世界——海外专家学者评两会》，新华社，2017 年 3 月 6 日，https：//www. yidaiyilu. gov. cn/xwzx/hwxw/9136. htm。

日，亚投行宣布正式批准13个新成员的申请，这是2016年1月亚投行正式开业运营以来在其57个创始成员基础上首次扩容；2017年6月16日亚投行理事会批准阿根廷、马达加斯加和汤加3个新意向成员加入，至此亚投行成员总数扩至80个。[①] 有预测认为，2017年还将有15个国家加入亚投行，其成员总数或将达到85~90个。[②] 从成员数量上看，亚投行已经超过了欧洲复兴开发银行和亚洲开发银行，成为仅次于世界银行的全球第二大多边开发机构。亚投行所释放的发展潜力将成为打开包容共享经济局面的新钥匙。中国通过牵头成立亚投行展现了参与塑造国际金融秩序的意愿与能力，第一次从被动的全球化参与者开始了向再全球化主动引领者的转变，这对中国及整个世界经济秩序的变化都具有重要意义。随着综合国力的持续增长，中国提供的区域和全球公共产品的总量不断提高，而且中国的角色也发生了转变，中国从初期的旁观者或者受益者，转变成了倡导者、改革者和供给者。例如中国人民银行行长周小川曾在2009年初G20伦敦峰会前夕提出创造超主权货币，这是国际货币体系改革的理想目标。此外，以东亚“10+3”为依托，中国在双边层次展开货币外交，与近50个国家建立货币互换伙伴关系、本币结算伙伴关系、货币交易伙伴关系、货

① 《亚投行再扩朋友圈》，人民网，2017年6月16日，http：//world.people.com.cn/n1/2017/0616/c1002－29345038.html。

② 闫磊等：《亚投行加速“一带一路”项目落地》，《经济参考报》2017年3月27日。

币清算伙伴关系等，初步构建起一个庞大的货币伙伴网络。①

第二，积极探索新的金融治理模式，改革国际金融秩序。随着国际金融危机的爆发，以发达国家为主导的国际金融体系愈发暴露出不稳定性和不公平性，而亚投行的成立是中国在现有国际金融体系当中发挥正能量的体现。② 立足周边，辐射全球，十八大以来中国积极推动国际经济治理改革已经初见成效，除了建立亚投行、金砖国家新开发银行、丝路基金外，还对既有金融治理机制进行改革与创新。2010 年中国在国际货币基金组织中的份额权从 3.994% 升至 6.390%，投票权从 3.803% 升至 6.068%；在世界银行的关键决策机构国际复兴开发银行（IBRD）中的投票权也升至 5.25%。在中国的呼吁下，国际社会不断加强国际金融合作和协调，完善国际金融风险预警系统，提高预防国际金融风险的能力。亚投行坚持多赢、包容性和开放性的原则，特别是吸纳新兴经济体，代表了国际金融体系的未来发展方向，体现了制度革新的价值。③ 另外，中国还主导强化了区域金融安全网络。在中国推动下，东亚各国通力合作一起提供了应对金融冲击的区域公共产品。④ 例如

---

① 李巍：《伙伴、制度与国际货币：人民币崛起的国际政治基础》，《中国社会科学》2016 年第 5 期，第 79～100 页。

② 熊爱宗等：《东亚构筑金融海啸“防波堤”——写在亚洲金融危机爆发 20 周年》，《人民日报》2017 年 7 月 27 日。

③ 徐超：《新开发银行与全球金融治理体系改革》，《国外理论动态》2016 年第 11 期，第 105～114 页。

④ 杨权：《全球金融动荡背景下东亚地区双边货币互换的发展——东亚金融合作走向及人民币角色调整》，《国际金融研究》2010 年第 6 期，第 33 页。

2000 年 5 月，在泰国清迈举行的“10 + 3”财长会议通过了以双边货币互换网络为主要内容的“清迈倡议”（CMI），使本地区有了危机救助机制。“亚洲债券市场倡议”（Asia Bond Market Initiative，ABMI）着眼于促进区域债券市场的发展，而中国一直是其背后的主要支持者与推进者。此后，中国还为清迈倡议从双边互换协议向多边协议的转型，构建了一个拥有 2400 亿美元的区域性外汇储备资金池。这些区域公共产品为亚洲金融安全网发挥作用提供了有力支撑。2014 年，中国与巴西、俄罗斯、印度和南非一道建立了金砖国家新开发银行（New Development Bank，NDB）和金砖国家应急储备安排（Contingent Reserve Arrangement，CRA）。金砖国家新开发银行的启动资金为 500 亿美元，各国授权的总金额为 1000 亿美元；金砖国家应急储备安排则拥有 1000 亿美元的资金池，致力于帮助金砖国家共同抵御金融风险。① 金砖国家新开发银行、金砖国家应急储备安排和亚投行的建立标志着中国在国际金融治理领域的主动行动进入了一个新阶段。

第三，消除区域发展不平衡，促进金融公正公平。亚投行的开放、多元特征决定了其可以容纳更高层次、更大范围的区域经济一体化和区域基础设施一体化进程。不过，与亚洲区域合作的多样性相比，当前亚洲基础设施互联互通主要依赖于亚

① 王红缨：《中国在国际金融体系中的崛起：进展与局限性》，载北京大学国际战略研究院主编《中国国际战略评论（2016）》，世界知识出版社，2016，第 41 ~ 53 页。

洲开发银行、中日两国的优惠贷款及援助资金的支持。[①] 客观而言，单一的融资渠道和有限的融资额度很难实现亚洲互联互通和基础设施一体化。根据亚洲开发银行数据，2010～2020年亚洲国家基础设施投入总额预计在8.22万亿美元左右，此外还有1202个区域间交通、能源和通信基础设施项目存在约3200亿美元的缺口（参见表8）。[②] 如此巨大的资金需求缺口仅靠各国政府公共部门与有限的区域开发银行的融资将难以支撑，而现存的亚洲开发银行、世界银行对基础设施网络建设的融资力度不足。中国是现今全球经济的发动机，创建亚投行对供给基础设施融资，补齐亚洲开发银行与世界银行等传统国际金融机构的资金投入不足短板，帮助区域内资金困难国家改善基础设施状况，将发挥极为重大的作用。以亚投行和丝路基金为平台，可在优先解决本地区基础设施互联互通瓶颈问题的同时，促进全球资金的合理流动，扭转急需资金地区的发展不平衡困境，有助于引领均衡发展的再全球化新格局。[③] 当前全球化发展不仅存在利益分配的不平衡，也存在资金流动的不均衡，很多发展中国家在基础设施建设与工业基础提升项目方面

---

① 竺彩华、郭宏宇、冯兴艳等：《东亚基础设施互联互通融资：问题与对策》，《国际经济合作》2013年第10期。

② Biswa Nath Bhatacharyay, et al., eds., *Infrastructure for Asian Connectivity*, December 12, 2012, https://openaces.adb.org/bitstream/handle/11540/126/2012.12.12.book.infrastructure.asian.connectivity.pdf?sequence=1.

③ 王金波：《亚投行与全球经济治理体系的完善》，《国外理论动态》2015年第12期。

资金短缺，而长期以来发达国家生产过程中资本密集度不断上升，大部分资本优先流向高收入、高回报的投资领域，而对发展中国家的投资增长缓慢。①

表 8　2010～2020 年亚洲基础设施建设资金缺口

单位：百万美元，%

国家/地区	占亚洲总投资的百分比	投资需求	投资比重		年均投资
			新建投资	维护改造投资	
中亚	4.544	373657	54	46	33969
阿富汗	0.318	26142	57	43	2377
亚美尼亚	0.051	4179	41	59	380
阿塞拜疆	0.344	28317	64	36	2574
格鲁吉亚	0.060	4901	24	76	446
哈萨克斯坦	0.846	69538	61	39	6322
吉尔吉斯斯坦	0.107	8789	38	62	799
巴基斯坦	2.172	178558	53	47	16233
塔吉克斯坦	0.139	11468	47	53	1043
乌兹别克斯坦	0.508	41764	48	52	3797
东亚、东南亚	66.553	5472327	71	29	497484
柬埔寨	0.163	13364	51	49	1215
中国	53.118	4367642	72	28	397058
印度尼西亚	5.476	450304	70	30	40937
老挝	0.138	11375	56	44	1034
马来西亚	2.287	188084	79	21	17099
蒙古国	0.122	10069	37	63	915
缅甸	0.264	21698	56	44	1973
菲律宾	1.546	127122	53	47	11557
泰国	2.103	172907	72	28	15719
越南	1.355	109761	53	47	9978

① 宗良、黄雪菲：《新型全球化的前景、路径与中国角色》，《金融论坛》2017 年第 6 期，第 7～13 页。

续表

国家/地区	占亚洲总投资的百分比	投资需求	投资比重		年均投资
			新建投资	维护改造投资	
南亚	28.829	2370497	63	37	215500
孟加拉国	1.762	144903	54	46	13173
不丹	0.011	886	30	70	81
印度	26.421	2172469	64	36	197497
尼泊尔	0.174	14330	50	50	1303
斯里兰卡	0.461	37908	52	48	3446

资料来源：Biswa Nath Bhattacharyay, Masahiro Kawai and Rajat M. Nag eds., *Asian Development Bank Institute*: *Infrastructure for Asian Connectivity*, Cheltenham, U. K.: Edward Elgar Publishing, 2012, pp. 33 - 37。

二　亚投行与传统金融机制的合作

十八大以来，中国积极推动国际经济治理改革已经初见成效，除了建立亚投行、金砖国家新开发银行、丝路基金外，还对既有金融治理机制进行了改革与创新。在中国的呼吁下，国际社会不断加强国际金融合作和协调，完善国际金融风险预警系统，提高预防国际金融风险的能力。近年来中国参与国际金融治理亮点频现，大致可以归纳为以下几个方面。

第一，亚投行坚持多赢、包容性和开放性的原则。对于中国和众多亚洲国家来说，通过亚投行的平台可以实现双赢。一方面，基础设施落后一直是制约众多亚洲国家经济发展的重要因素。亚洲区域内基础设施建设的相对薄弱特别是互联互通设施的缺失，导致区域经济合作的水平不高，社会的整体劳动生产效率较低。经济落后导致这些国家没有足够的财力投入公路、铁路、港口、电信、电网等支撑经济增长的公共服务系统。尽管亚洲开发银行可以为亚洲国家提供部分贷款，但相对于亚洲国家庞大的资金缺口来说，亚洲开发银行的资金仅仅是杯水车薪。专注于基础设施建设的亚投行无疑有助于解决这些国家面临的资金瓶颈，助力这些国家的工业化和现代化发展。另一方面，亚投行也有助于增进中国的国家利益。中国创建亚投行的最大动力，其实是为了避免陷入“中等收入陷阱”，在经济进入“新常态”后寻找新的增长点和动力源。此外，亚投行也有很强的包容性和开放性。中国并不希望将亚投行打造成一个以自我为中心的封闭排外的组织。相反，在筹建过程中，中国一直保持与亚洲国家和西方发达国家以及其他国际组织的密切沟通和合作，邀请包括美日在内的西方发达国家加入。尽管美国、日本至今没有加入，但不排除未来为其进入安排特殊方案的可能性。在亚投行的章程制定、机构设置等重要议题上，中国秉持开放、协商和合作的多边理念，积极与其他国家协商，努力借鉴世界银行和亚洲开发银行的管理和运营经验，而非将自己的意志强加于其他国家。从成员规模上来看，亚投行已经成为仅次于世界银行的全球第二大多边开发机构，超过了欧洲复兴开发银行和亚洲开发银行的规模。此次扩容新批准的13个意向成员包括5个域内成员和8个非域内成员（参见表9）。域内成员分别是阿富汗、亚美尼亚、斐济、中国香港和东帝汶；非域内成员分别是比利时、加拿大、埃塞、匈牙利、爱尔兰、秘鲁、苏丹和委内瑞拉。亚投行行长金立群表示，世界各国对加入亚投行的兴趣再次印证了亚投行作为一个国际机构，其成立以来所取得的显著而快速的发展。金立群还介绍，预计2017年晚些时候亚投行理事会将考虑进一步的成员申请。[①]

表9　亚投行扩容历程

2014年10月24日，21个首批意向创始成员签署《筹建亚投行备忘录》，共同决定成立亚洲基础设施投资银行。21个国家包括孟加拉国、文莱、柬埔寨、中国、印度、哈萨克斯坦、科威特、老挝、马来西亚、蒙古国、缅甸、尼泊尔、阿曼、巴基斯坦、菲律宾、卡塔尔、新加坡、斯里兰卡、泰国、乌兹别克斯坦和越南。
一个月后，印度尼西亚成为亚投行的第22个意向创始成员。2014年底，马尔代夫成为亚投行第23个意向创始成员。之后，新西兰、塔吉克斯坦、沙特阿拉伯、约旦等国家也纷纷加入。
2015年3月12日，英国决定加入。随后法国、德国、意大利组团加入，并带动了卢森堡、瑞士等欧洲小国的加入。
2015年3月底，韩国、俄罗斯、澳大利亚、丹麦申请加入亚投行。亚投行的意向创始成员已增至43个。
2015年4月15日，亚投行意向创始成员总数达到57个，地域范围从亚洲扩大至欧洲、拉丁美洲、非洲和大洋洲。
2015年6月29日，已通过国内审批程序的50个国家正式签署《亚投行协定》。
2015年12月25日，包括中国、英国、韩国、德国等在内的17个意向创始成员（股份总和占比50.1%）已经批准《亚投行协定》并提交批准书，达到《亚投行协定》规定的生效条件，亚投行正式成立。
2016年1月，亚投行正式开业。
2017年3月23日，亚投行宣布正式批准13个新成员的申请，这是2016年1月正式开业运作的亚投行在57个创始成员基础上首次扩容，成员总数达到70个。

资料来源：笔者自制。

① 王琳：《亚投行批准13个新成员，成员规模超亚开行》，《新京报》2017年3月24日。

第二，亚投行与世界银行、亚洲开发银行有某些相同功能，但定位不同。亚投行坚持多赢、包容性和开放性的原则，特别是吸纳新兴经济体，代表了国际金融体系的未来发展方向，体现了制度革新的价值（参见表 10）。[①] 世界银行、亚洲开发银行和亚投行都是多边开发性金融机构，为促进发展提供融资服务。但不同于政府间合作主导的世界银行和亚洲开发银行模式，亚投行将向私人投资开放，通过亚投行资本，调动私营资本，注重市场规律、商业价值和民生优先，兼顾投资回报与社会公益。与亚洲开发银行相比，亚投行初始资本金为 1000 亿美元，少于亚洲开发银行的 1650 亿美元，但不排除未来进一步增加的可能性。亚洲国家在亚投行占有 75% 的股权，远比它们在亚洲开发银行的比重（60%）大，因此具有更大的话语权，而亚洲开发银行主要是美日主导，自 1966 年成立以来，历任行长均来自日本。亚洲开发银行的主要职能是帮助亚太国家反贫困，实现“没有贫困的亚太”。而亚投行与亚洲开发银行的侧重点不同，亚投行的主要职能是运用一系列支持方式为亚洲各国的基础设施项目提供融资支持——包括贷款、股权投资以及提供担保等，除了传统意义上的“铁公基”项目（铁路、公路、机场、管道、港口、桥梁、水利等重大基础设施建

---

① 徐超：《新开发银行与全球金融治理体系改革》，《国外理论动态》2016 年第 11 期，第 105 ~ 114 页。

设），未来还可能拓展到节能减排、农业项目等。① 亚投行还涉及教育和医疗等新领域，这对亚洲开发银行最适合的基础设施投资领域是一个不小的拓展。有舆论认为亚洲开发银行（ADB）实际上代表“亚洲大坝和桥梁”（Asian Dams and Bridges）。这为亚投行进行基础设施和连通空间领域建设留下广阔空间。②当前，中国正在为缺少增值渠道的国内资本寻求回报率更高的投资场所，在可预见的将来，中国资本“走出去”已是大势所趋。据世界银行估计，到 2030 年中国的投资活动将位居全球之首，占全球总投资的比重将达到 30%。③

表 10 亚洲基础设施投资银行与世界银行规则对比

	亚洲基础设施投资银行	世界银行
成员数	创始成员 57 个。2017 年批准 13 个新成员；对国际复兴开发银行及亚洲开发银行成员开放	189 个国家（包含国际复兴开发银行及国际开发协会成员国）；对国际货币基金组织成员开放
加入条件	①理事会投票同意； ②不享有主权的申请方，可由亚投行成员同意或代其向亚投行提出加入申请	①理事会批准同意； ②成为世界银行成员国，首先须加入国际货币基金组织

① 陈绍锋：《亚投行：中美亚太权势更替的分水岭》，《美国研究》2015 年第 3 期，第 14～33 页。

② Robert M. Orr, "The Asian Development Bank and the Asian Infrastructure Investment Bank: Conditional Collaboration?" PacNet # 39, May 4, 2016, https://www.csis.org/analysis/pacnet-39-asian-development-bank-and-asian-infrastructure-investment-bank-conditional.

③ The World Bank, *Capital for the Future: Saving and Investment in an Interdependent World*, Washington, D.C.: The World Bank, 2013, p. 5.

续表

	亚洲基础设施投资银行	世界银行
前五大股东	①中国(30.34%) ②印度(8.52%) ③俄罗斯(6.6%) ④德国(4.57%) ⑤韩国(3.81%)	①美国(17.45%) ②日本(7.52%) ③中国(4.42%) ④德国(4.39%) ⑤法国、英国(4.11%)
投票比重前五大成员国	①中国(26.06%) ②印度(7.51%) ③俄罗斯(5.93%) ④德国(4.15%) ⑤韩国(3.5%)	①美国(16.51%) ②日本(7.14%) ③中国(4.61%) ④德国(4.18%) ⑤法国、英国(3.91%)
放款条件	"非政治化"基本立场	贷款标准包含经济条件与政治要求

资料来源：整理自亚投行、世界银行官网。

第三，积极开展与其他国际组织的合作。中国在筹建亚投行的过程中，积极与世界银行、国际货币基金组织和亚洲开发银行进行密切沟通和交流，吸取它们在组织架构、章程规则、机构运行、项目运营等方面的经验教训，尽量避免旧有国际机构的缺陷与不足。秉承精干、廉洁、绿色的核心理念，亚投行将参考国际多边金融机构的治理原则，重视涉及环保和移民的安全保障政策，按照多边机构的规则和国际惯例办事，以建立良好的治理框架。亚投行的专业人员在全球进行招聘，奉行机构精简高效，腐败零容忍原则。同时，亚投行也充分借鉴其他国际机构运作的经验教训。与世界银行、亚洲开发银行及其他国际贷款组织相比，亚投行至少在以下几方面进行了创新：一是开放度更高。亚投行的项目将向所有人开放投标，而亚洲开发银行的招标合同只面向其成员开放。二是亚投行将赋予发展中国家更大的发言权。该行为亚太地区成员保留了至少75%的投票权，这使得亚洲中小国获得的话语权大于它们在其他全球性组织中的话语权。三是亚投行将采取更精简的结构以保证其高效运作。与世界银行和亚洲开发银行相比，亚投行在人事安排方面比较精简，它不设常驻董事会，由一个无偿的、非常驻的董事会进行监督，这不仅有助于节约成本，还有助于减少决策过程中的摩擦。

三　亚投行模式的历史影响

设立亚投行是中国周边外交的战略性大举措，是中国改善现有全球治理体系不合理性的一次重大“战略试水”。中国提议建设亚投行是中国对现行国际金融体系进行补充性变革的一次成功尝试。实际上，在亚投行启动前后，中国已经主导提议成立金砖国家新开发银行，筹备建立上海合作组织银行，设立丝路基金等类似的金融机构和基金。2015年6月29日，《亚洲基础设施投资银行协定》在北京签署。习近平主席在会见出席签字仪式的各国代表团团长时说：协定的签署标志着亚洲基础设施投资银行筹建迈出具有历史意义的步伐，展示了各方庄严承诺，体现了各方团结合作、开放包容、共谋发展的务实行动。[①] 从再全球化角度看，亚投行的成立具有重大意义。

第一，亚投行的出现将促进全球经济治理机构的改革。创建亚投行并不是为了争夺地区主导权。那么，中国为何不直接利用一个现有的多边开发机制来推动区域基础设施建设呢？例如拥有更多经验的世界银行或亚洲开发银行，甚至是在中亚地区投资众多的欧洲复兴开发银行。原因之一在于现有的国际金融开发机构仍受制于其苛刻的贷款条件。原因之二在于，中国若直接利用现有多边开发援助机制，将不可避免地出现机制内投票份额变动的问题。以亚洲开发银行为例，自 1966 年开始运营以来，亚洲开发银行一直发挥着世界银行在地区层面上的开发援助作用，并采取与世界银行相似的标准。亚洲开发银行不仅是联合国发展项目在亚洲的重要承接机构，也是联合国粮农组织、世界卫生组织在亚洲的执行代理机构。它以出资额为基准进行投票权重分配，目前拥有 1650 亿美元股本金，其中美国与日本是最大的股东，两国出资各占 15.68% 和 15.57%，并各自拥有 12.84% 和 12.75% 的投票权，占据主导地位。中国为亚洲开发银行第三大出资国，出资份额占 6.47%，投票权为 5.48%。如果中国大规模向亚洲开发银行注资以推动地区基础设施建设，日、美若不想改变现有投票权重，就需要向亚洲开

① 《习近平会见出席〈亚洲基础设施投资银行协定〉签署仪式各国代表团团长》，新华网，2015 年 6 月 29 日，http://news.xinhuanet.com/2015-06/29/c_1115756477.htm。

发银行大规模注资。其中的障碍既包括两国高企的政府财政赤字，又涉及两国国内复杂的批准程序。原因之三则在于中国等发展中国家仍难以获得与其经济实力相称的话语权。全球金融危机爆发后，西方七国集团无力单独应对危机，故此将新兴经济体拉进来，并将 20 国集团（G20）推到前台。早在 2010 年 12 月，20 国集团就曾提出对国际货币基金组织的治理和份额分配进行改革的方案，方案增加了中国、巴西、印度和俄罗斯等新兴经济体的份额和投票权。但迄今这一方案仍在美国国会被搁浅，这使得发展中国家很难取得与其经济实力相称的投票权与话语权。因此现有国际治理机构改革的滞后所导致的经济实力基础与金融结构主导的反差与背离是中国创设亚投行的最直接动因。亚投行的出现既是崛起的新兴市场国家力量对现有国际金融秩序最直接的冲击，也是对现有全球金融治理结构的一种改革鞭策。①

第二，积极传递“要想富，先修路”的赶超发展思路。新兴经济体物质性和社会性基础设施相对比较落后，是众所周知的事实。联合国的 17 个可持续发展目标大多涉及基础设施的完善，从清洁能源、水和卫生设施到医疗、教育和可持续城市等。加大基础设施投资、缩小相关领域的差距是许多全球公共组织的工作重点。然而，联合国可持续发展目标对基础设施与

① 王勇：《全球经济治理走向“后美国时代”?》，FT 中文网，2015 年 3 月 31 日，http：//www. ftchinese. com/story/001061284。

可持续就业创造、就业与稳定之间的联系却鲜有触及。对失业或缺乏经济保障的担忧是政治压力的一个来源，这种政治压力是全球政治经济的塑造力量之一。随着劳动人口的急剧增长，“一带一路”沿线一些国家可能面临世界历史上最大的短期就业挑战。从2015年至2030年，39个“一带一路”沿线国家的劳动人口将增加3.82亿，这一数字确实十分惊人。吸纳这3.82亿的新劳动人口要求在15年内创造出比当前欧盟28国劳动人口总和更多的新就业岗位。亚洲基础设施投资银行及丝路基金等有望为公私投资伙伴关系（PPP）带来额外的机会和空间。作为一个新的机构，亚投行有机会创新，并充分调动民间资本以获取额外资金，引导相关资金流入适当项目。公私投资伙伴关系反过来将带来专业知识，吸引更多负责任的长期商业部门投资，并创造更多就业机会。全球各大企业也看到了“一带一路”基础设施建设项目销售、获利和创造就业机会方面的潜力。美国很多跨国企业非常看好“一带一路”倡议，有的已经获得了大量订单，这带来了“多赢”的结果。据估计，亚投行每1美元的投资会带动其他部门3～4美元的新增投资，每10亿美元的投资可以为亚洲创造1.8万个就业机会。[①] 告别孤立主义的“筑墙”壁垒，积极向外“修路”才是促进增长与就业的正道。

---

① Makmun Syadullah, "Prospects of Asian Infrastructure Investment Bank," *Journal of Social and Development Sciences*, Vol. 5, No. 3, September 2014, pp. 155–156.

第三，亚投行有助于积累国际制度的创新经验。目前，中国已经着手推动建立金砖国家新开发银行、亚洲基础设施投资银行，设立丝绸之路基金，用务实的态度发出新的治理倡议，而今后10年要重点将这些成果制度化、多边化，形成初步的国际规则与机制网络。[①] 从供给侧角度来看，全球公共产品可以通过运用和整合资源来释放供给国的影响力，其中制度是撬动资源的关键杠杆。[②] 澳大利亚国立大学学者吴翠玲（Evelyn Goh）认为要理解中国供给公共产品的逻辑，就要解释它是如何将不断增长的实力资源转化成对目标国的实际政策影响的。中国要发挥积极的全球影响力，一方面有赖于其如何娴熟地运用经济实力、经济利益吸引来实施强制、诱导或劝说行为，另一方面还要靠国际制度产生的分配效应和领导力强化。[③] 今后10年，中国应以“一带一路”互联互通建设与亚投行为切入点，促进国际金融机制的多元化，解决既有体制的低效与不公平问题，对区域内的资源进行重新整合，激发区域制度的竞争。[④] 同时，促使各国对现有国际金融体系进行反思和完善。

---

① 涂永红：《中国在“一带一路”建设中提供的全球公共物品》，《光明日报》2015年6月22日第5版。

② 〔德〕托马斯·里斯：《全球化与权力：社会建构主义的视角》，《世界经济与政治》2013年第10期，第24～37页。

③ Evelyn Goh, *Rising China's Influence in Developing Asia*, Oxford, U.K.: Oxford University Press, 2016, pp. 1－5.

④ 李巍：《现实制度主义理论的生成》，《外交评论》2016年第1期，第31～59页；陈琪、管传靖：《国际制度设计的领导权分析》，《世界经济与政治》2015年第8期，第4～28页。

当然，任何制度都是非中性的，中国推动创设的制度型公共产品不可避免地与世界银行、亚洲开发银行等组织存在一定业务重叠和竞争关系，为此发挥自身优势，做出特色是关键。创设亚投行是中国改革和塑造国际金融秩序的战略试水。当前大部分亚洲国家正处在工业化、城市化的起步或加速阶段，需要大量基础设施建设的资金、技术和经验。2017 年 3 月 23 日，亚投行宣布正式批准 13 个新成员的申请，这是 2016 年 1 月正式开业运营以来在其 57 个创始成员基础上首次扩容，总成员数量规模达到 70 个。从成员数量上看，亚投行已经超过了欧洲复兴开发银行和亚洲开发银行，成为仅次于世界银行的全球第二大多边开发机构。[①] 亚投行所释放的发展潜力将成为打开包容共享经济局面的新钥匙。

① 孙懿：《贡献发展机遇，完善全球治理》，《人民日报》（海外版）2017 年 3 月 24 日第 1 版。

第六章
数字经济 2.0 与阿里巴巴的全球化故事

这是一个摧毁你，却与你无关的时代；这是一个跨界打劫你，你却无力反击的时代；这是一个你醒来太慢，干脆就不用醒来的时代；这是一个不是对手比你强，而是你根本连对手是谁都不知道的时代。

——马云 2015 年 12 月 18 日在第二届世界互联网大会上的讲话

善弈者谋势，不善弈者谋子。

——中国古代著名军事家孙子

中国引领再全球化进程的切入点与制度创新密切相连。进入 21 世纪以来，全球互联网技术和电子商务迅速发展，国际贸易主体、贸易形态、商业模式、组织方式都在发生重大变革。这一历史背景改变体现在互联网贸易方式的崛起上。① 2017 年 8 月

① 凯文・马丁：《中国数字化消费何以领先世界?》，FT 中文网，http://www.ftchinese.com/story/001070473? page = 2。

中国互联网络信息中心（CNNIC）发布的《第40次中国互联网络发展状况统计报告》显示，截至2017年6月中国网民规模达到7.51亿人，占全球网民总数的1/5。互联网普及率为54.3%，超过全球平均水平4.6个百分点。[①] 中国拥有全球最多的互联网用户，超过7亿的网民规模所形成的优势将给世界消费与商业模式带来巨大冲击，当前中国的互联网电子商业模式正在推动全球商业规则的颠覆与创新。例如，2016年中国网上支付额比上年增加一倍，超过了37.1万亿元，这个数字是美国的50倍，更是超过了当年的日本的国内生产总值。在这个巨额数字的背后，是中国互联网的两大巨头——腾讯和阿里巴巴。目前二者在继续将自己的手机支付业务扩展到全球更多地区。2012年余额宝横空出世，引领了世界电子消费潮流。在交易规模方面，腾讯利用将近9亿人的微信用户优势，从2016年开始向手机支付业务领域全面出击。以“微信支付”为主力，截至2016年9月底腾讯已获得8.3亿支付用户，而支付宝拥有4亿用户，扫码付成为市场的主流选择。[②] 同样，2017年被誉为“互联网女皇”的玛丽·米克（Mary Meeker）在其公布的《2017年互联网趋势》（*Internet Trends* 2017）报告中称，在很多方面，中国已经成为全球互联网领导者。中国的移动支

---

① 中国互联网络信息中心：《第40次中国互联网络发展状况统计报告》，2017，第13页 http://free.eol.cn/edu_net/edudown/CNNIC40.pdf。

② 《日媒：中国去年手机支付额为美国50倍，规模超日本GDP》，观察者网，2017年3月27日。

付交易额由2012年几乎为0增长至2016年的5万亿美元，支付宝和微信成为主力，一场“电子全球化”变革正在中国发生。①

一　阿里巴巴助推再全球化

2016年“双十一”，阿里巴巴的亚洲最大在线零售平台天猫当天的成交总额飙升至1207亿元人民币，又创造了一个世界新纪录。2016年“双十一”全天，物流方面再次刷新全球纪录，菜鸟网络共产生6.57亿物流订单；支付方面，支付宝实现支付总笔数10.5亿笔，同比增长48%。支付峰值达到12万笔/秒，是上年的1.4倍，也刷新了上年创下的峰值纪录。从第一年5000万元的成交额，到2015年的912亿元，再到2016年单日进入千亿时代，背后是阿里生态从裂变到聚变的过程。这一刻，离马云在杭州一间简陋公寓里开始创业已经过去了16年。16年来很多人都在质疑这个理想主义者，因为他的理想是在中国这个还没有完全现代化的环境中，颠覆现有的经济贸易形式，让互联网将一切都连接起来。

中国庞大的“人口红利”为中国互联网企业的全面崛起提供了得天独厚的优势。中国具有全球第一的人口总量与互联网

① Mary Meeker, “Internet Trends 2017: Code Conference,” May 31, 2017, http://dq756f9pzlyr3.cloudfront.net/file/Internet+Trends+2017+Report.pdf.

用户规模。得益于此，中国互联网发展水平已经接近美国，成为世界互联网大国与商业模式创造者。在过去几年时间里中国借移动平台实现内容产业大发展，在多个领域成为全球最大市场。联合国旗下机构“超越现金联盟”（Better Than Cash Alliance）日前发布报告称，在支付宝与微信支付的推动下，2016 年中国社交网络支付市场规模达到了 2.9 万亿美元，在过去 4 年中增长了 20 倍。[①] 目前，中国的手机支付交易额在全球遥遥领先（参见图 11）。全球知名的市场调研公司益普索（Ipsos）在全世界 23 个国家和地区，共调查了 1.8 万名消费者，结果显示，中国有 77% 的消费者经常使用手机支付工具，这一比例名列全球第一。而印度的移动支付普及率也比较高，比例为 76%。据报道，Paytm 是印度占据领先地位的支付服务商，而这正是中国阿里巴巴集团下属的子公司。令人吃惊的是，一些发达国家的移动支付普及率很低，比如美国和德国的普及率为 48%，日本的普及率仅为 27%，日本在所有被调查的国家和地区中排名倒数第一。据业内人士分析，这是由于欧美发达国家过去进入了成熟的信用卡社会，刷卡消费十分方便。[②] 我们以阿里巴巴企业为载体，从中可以窥视新一轮全球化即再全球化的微观特征。

---

① Zennon Kapron and Michelle Meertens, “Social Networks, e-Commerce Platforms, and the Growth of Digital Payment Ecosystems in China: What It Means for Other Countries,” Research Report, April 2017, Better Than Cash Alliance.

② 《我国移动支付普及率 77% 全球第一，美国仅 48% 日本 27%》，网易科技，2017 年 9 月 5 日。

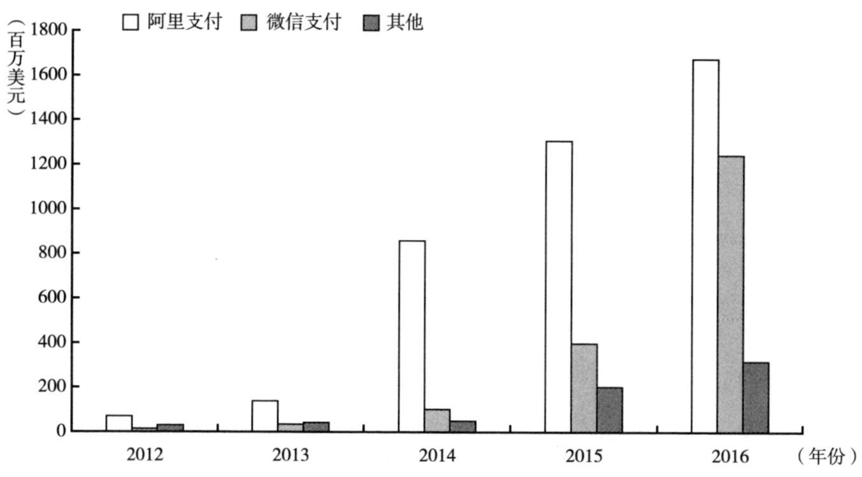

图 11　中国手机移动支付的年交易额

资料来源：Better Than Cash Alliance，2017。

首先，阿里巴巴引领的全球互联网金融作为金融创新的一种模式，具有“开放、平等、协作、分享”的特点，是推进再全球化的重要商业力量。通过互联网金融可以将传统“资金流”“信息流”与企业交易“商品流”对接，为企业创造更多机会。更重要的是，互联网金融还解决了传统金融模式业务复杂、融资双方信息不对称等问题，使企业可以在自身发展不同阶段采用不同融资模式，以解决资金需求问题。随着互联网金融的不断发展，跨境结算、异地汇兑等方式变得越来越容易，这本身就为全球贸易往来提供了更便利的条件，有利于以金融创新的方式推动贸易升级。特别是当前以大数据、云计算、移动互联网等为核心的“互联网 +”模式将创造更加公平普惠的再全球化格局。最近几年，马云频繁在国际舞台上演讲，讲述阿里巴巴全球化的故事。2017 年 4 月 10 日，作为阿里巴巴全球化最重要的载体之一，全球速卖通宣布，其海外买家已超过 1 亿。这些买家分布在全球 220 个国家，涵盖 18 种语言，无线端销售占比高达 59.3%。从速卖通覆盖的名单来看，俄罗斯、巴西、东南亚国家等都成为消费的热门区域。在全球主要消费国，阿里巴巴旗下的菜鸟网络已经开始实施了一系列物流升级方案。当前，速卖通的全球海外买家数累计突破 1 亿，其中“一带一路”沿线国家用户占比达到 45.4%。菜鸟网络与“一带一路”沿线国家邮政、专线、仓储物流的合作是需求与政策双驱动形成的结果。菜鸟网络在“一带一路”沿线国家布局了 17 个海外仓，分布在俄罗斯、印度、东南亚等地。在“一带一路”沿线，阿里云在中国香港、新加坡、中东、欧洲等地建设了数据中心，在全球设立 14 个地域节点，以中国自主研发的飞天技术为沿线国家和地区提供云计算大数据服务。[①] 2015 年“双十一”，214 个国家和地区的买家在阿里速卖通下单，最终速卖通平台商家在 24 小时内向全世界发出 2124 万个包裹。其中地球最北面的格陵兰岛有 155 单；地球最南端的智利有 415479 单；地球最东面也是最西面的国家斐济有 608 单；印度洋上的岛国塞舌尔有 356 单；世界上平均海拔最高的国家、南部非洲的莱索托有 30 单；最小的国家梵蒂冈有 15 单；战乱中

① 阿里研究院、DT 财经：《eWTP 助力“一带一路”建设——阿里巴巴经济体的实践》，研究报告，2017 年 4 月 21 日，http：//i.aliresearch.com/img/20170421/20170421181400.pdf。

的叙利亚有 18 单。[①]

其次，跨境电商助力“网上丝绸之路”，推进中国与“一带一路”沿线各国建设网上丝绸之路。跨境电商的推广有助于缩小不同国家、地区和人群间的数字鸿沟，释放数据红利，全面助力“一带一路”倡议实施。在全球贸易谈判停滞不前的背景下，阿里巴巴积极呼吁建立“世界电子贸易平台”（Electronic World Trade Platform，简称 eWTP），以促进全球普惠贸易和数字经济增长，孵化互联网时代的全球化贸易新规则。自 2016 年该倡议提出以来，得到了国际社会包括联合国在内的国际组织、政府机构、工商界、智库学者的积极回应和高度认同。2016 年 9 月，eWTP 作为二十国集团工商界活动（B20）的一项核心政策建议，得到二十国集团（G20）领导人的回应和支持，被写入领导人杭州峰会公报。与此同时，在全球建立 eWTP 试验区的工作也在加速推进。2017 年 3 月 22 日，首个 eWTP 试验区在马来西亚落地，中国与马来西亚将共同建设“数字自由贸易区”（eHub）。作为发展数字经济的基础设施，“数字自由贸易区”将被打造成物流、支付、通关、数据一体化的数字枢纽，成为马来西亚和东南亚中小微企业通向世界的窗口。[②] 这种网络运作模式的创新，体现出包容普惠的发展理

---

① 同上。

② 阿里研究院：《读懂 G20 四大主题：洞悉数据时代经济发展动向》，研究报告，2016 年 8 月，http：//i. aliresearch. com/file/20160831/20160831103441. pdf。

念。这不仅是共创治理规则的平台，也是一个追求普惠贸易的平台。[①] 根据阿里巴巴跨境电子商务大数据，阿里研究院编制了“一带一路”沿线国家 ECI 指数（E – Commerce Connectivity Index，跨境电商连接指数），该指数反映了中国与“一带一路”沿线国家在跨境电商贸易方面的连接紧密程度。ECI 出口指数越高，表示该国购买“中国制造”的商品越多；ECI 进口指数越高，表示中国消费者购买该国商品越多（参见表 11）。

表 11　“一带一路”沿线国家 ECI 指数

排名	国家	ECI 出口指数	ECI 进口指数	ECI 总指数
1	俄罗斯	29.0	0.9	29.9
2	以色列	10.9	2.8	13.7
3	泰国	4.6	6.9	11.5
4	乌克兰	10.3	0	10.3
5	波兰	8.4	0.7	9.1
6	捷克	6.8	1.1	7.9
7	摩尔多瓦	7.8	0	7.8
8	土耳其	7.4	0.2	7.7
9	白俄罗斯	7.0	0	7.1
10	新加坡	4.0	2.3	6.4

资料来源：阿里研究院。

最后，构建共享平台。依托“云网端”新基础设施，互联网平台创造了全新的商业环境。信息流不再被工业经济供应链

① 阿里研究院：《世界电子贸易平台倡议（eWTP）2017 年度报告》，2017 年 3 月，第 1 – 3 页，http：//i. aliresearch. com/img/20170323/20170323182812. pdf。

体系所阻隔，供应商和消费者的距离大大缩短，沟通成本大大降低，直接支撑了大规模协作的形成。新兴的数字经济2.0，最重要的特征就是高度数据化。数据的流动与共享，推动着商业流程跨越企业边界，编织全新的生态网络与价值网络。数字经济2.0具备“人人参与、共建共享”的特点，实现了普惠科技、普惠金融和普惠贸易。在全球贸易领域，数字经济2.0为全球带来了普惠贸易的全新局面。普惠贸易意味着各类贸易主体都能参与全球贸易并从中获利，贸易秩序也将更加公平公正。阿里巴巴开创的平台分享经济，改写了商业格局面貌，让全球化的流动更加简便与普惠化。2016年11月11日，阿里巴巴旗下的在线购物平台在“双十一全球狂欢节”中创造了178亿美元的庞大销售额，同比增长32%。作为一个年轻且非正式的节日，“光棍节”的消费体量已经远远超越了美国的“黑色星期五”（Black Friday）。阿里巴巴正在挖掘通过其零售、流媒体及支付平台收集的大数据。2017年和2018年，阿里巴巴计划在中国香港、中国台湾和东南亚首次推出面向“光棍节”购物者的试点计划。马云称他的“世界电子贸易平台”计划好比一种没有纠纷的世界贸易组织（WTO），将帮助“80%没有机会参与世界贸易的公司和发展中国家”在海外销售商品。在马云看来，阿里巴巴正变成一个“消费者对企业”的公司，正在重写零售业规则，让购物者通过大数据告诉零售商他们希望购买什么。

表 12　eWTP 的共享内涵

根据 B20 共识，eWTP 是一个私营部门引领、市场驱动、开放透明、多利益攸关方参与的公私合作平台，旨在探讨全球数字经济和电子贸易的发展趋势、面临问题和政策建议，分享商业实践和最佳范例，孵化和创新贸易新规则和新标准，推动全球数字经济基础设施建设，共同促进全球经济社会普惠和可持续发展。因此，eWTP 生态体系将包括三个层次的内容。 （1）规则层。各利益相关方共同探讨和孵化数字时代的新规则、新标准，如与电子商务直接相关的数字关境、税收政策、数据流动、信用体系、消费者保护等。
（2）商业层。各相关方开展数字经济和电子商务领域的商业交流合作，建立互联网时代的新型基础设施，如电子商务平台、金融支付、物流仓储、外贸综合服务、市场营销、教育培训等。 （3）技术层。共同建立以互联网、大数据和云计算、物联网、人工智能等为基础的 eWTP 技术架构。 这三个层次密切相关、互为依托。规则层的讨论内容主要来自商业层和技术层的实践，其成果和共识又会促进数字经济商业合作和新技术的创新发展。

资料来源：阿里研究院：《世界电子贸易平台倡议（eWTP）2017 年度报告》，2017 年 3 月，第 1－3 页，http：//i. aliresearch. com/img/20170323/20170323182812. pdf。

二　中国电商领跑全球互联网消费

尽管中国还是发展中国家，在工业化与现代化水平方面落后于很多发达国家，但是这种落后并不一定是劣势，在互联网时代中国如能把握机会弯道超车，反而会展现出与众不同的后发优势。目前，中国是世界上最大的网络零售市场，网络购物用户规模和交易额均位居全球第一，并主导了移动电子商务的发展。全球最大的市场研究公司益索普（Ipsos）的一份报告显示，2016 年中国首次成为最受全球网购消费者欢迎的海淘国家。① 以阿里巴巴为代表的中国企业在移动支付、跨境电子贸易、海量数据的处理方面已经走在世界前列。根据商务部数据，2016 年中国跨境电商进出口贸易额达到 6.3 万亿元，预计到 2020 年中国跨境电商贸易规模将达 12 万亿元，占中国进出口总额的 37.6%（参见图 12）。未来三年，在“一带一路”贸易畅通合作倡议的推动下，中国的电子商务和跨境贸易将迎来又一个重大的发展机遇。跨境电商搭建起一个自由、开放、通用、普惠的全球贸易平台，在这个平台上，亿万消费者可以“买全球”，中小企业可以“卖全球”，真正实现了全球连接、全球联动。从中国引领的全球电商浪潮中，我们可以看到三点发展趋势。

首先，作为新兴的跨境消费方式，跨境 B2C 电商以其强劲的增长动力，将成为跨境消费品贸易增长的新引擎。据测算，到 2020 年，中国将成为全球最大的跨境 B2C 电商市场。跨境 B2C 电商未来的发展，除了规模增长和交易产品与服务品类范围的扩大，还将呈现平台服务增值化、服务一体化和集约化、线上线下平台融合这三大发展趋势，这也将改变传统消费品跨境贸易 B2B2C 的多环节链状模式，形成以集约交易平台触及数字化消费者，并驱动产品和服务线下交付无缝衔接的商业生态

① 王花蕾、王丽颖、姬晴晴：《2016 年世界信息化发展现状及 2017 年展望》，载尹丽波主编《世界信息化发展报告（2016～2017）》，社会科学文献出版社，2017，第 17 页。

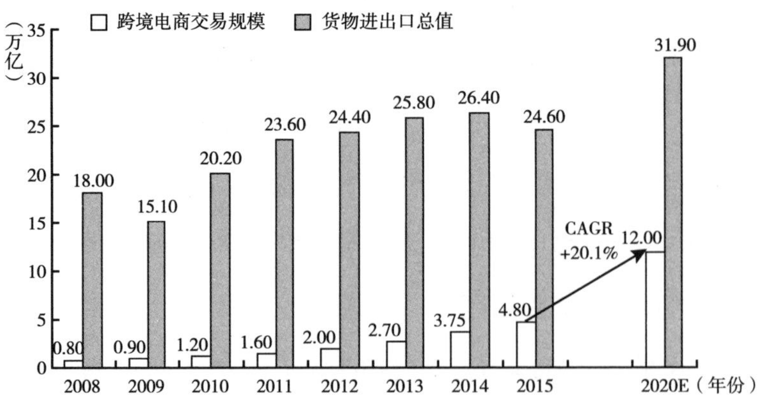

图 12　中国跨境电商的迅猛发展态势

资料来源：阿里研究院：《读懂 G20 四大主题：洞悉数据时代经济发展动向》，研究报告，2016 年 8 月。

系统，其交易流程将更加扁平。纵览全球各个地区，经济发展水平和产业结构等诸多差异使各个区域市场呈现不同的特征和发展轨迹。亚太地区以其领先的市场规模和强劲的增长成为全球最重要的区域市场：2014 年亚太地区跨境 B2C 电商交易额占全球的 30%，这一比例 2020 年预计将上升到 48%。整个区域内消费品工业较为发达且各国错位发展，成为市场增长的动力来源。其中，以中日韩为主的东亚，相关基础设施发达，移动互联网普及率高，是整个亚太区市场的核心。预计到 2020 年，东亚跨境 B2C 电商交易额将占到整个亚太区的 86% 和全球的 39%。东南亚由于区域经济一体化进展迅速，经济发展潜力巨大，成为亚太区的另一个热点。跨境 B2C 电商的不断发展，将对跨境消费乃至全球经济产生深远影响，跨境消费的模式将更加多元化，新兴数字化服务商将大量涌现，全球化进程将会不断加快。①

其次，中国在实物贸易与电商贸易方面均成为世界领先的国家，凸显了中国塑造全球政治经济格局的巨大潜力。2015 年，中国跨境电商交易规模达 4.8 万亿元，占中国进出口总额的 19.5%。预计到 2020 年，中国跨境电商市场交易规模将达 12 万亿元，进出口总额占比将达到 37.6%。② 中国是目前世界上唯一的实体贸易与电子商务贸易都位居世界前列的国家，这显示了中国塑造未来再全球化发展格局的潜在能量。2015 年，尽管全球贸易增速放缓，但是中国跨境电商增速仍大幅高于货物贸易进出口增速，中国进出口贸易中的电商渗透率持续提高。③ 从中国电子商务研究中心公布的报告数据来看，跨境电商对提升“一带一路”框架下中国产品的国际竞争力和促进外贸发展具有显著的推动作用。④ 以阿里巴巴的交易规模为例，2016 年“双十一”电商节单天交易额就超 1207 亿元，线上贸

① 安森哲战略（AccentureStrategy）、阿里研究院：《全球跨境 B2C 电商市场展望：数字化消费重塑商业全球化》，研究报告，第 12 页，http://i.aliresearch.com/file/20150611/20150611113848.pdf。

② 阿里研究院、阿里跨境电商研究中心：《2016 中国跨境电商发展报告——贸易的未来：跨境电商连接世界》，2016 年 9 月，第 4～5 页，http://i.aliresearch.com/img/20160901/20160901101059.pdf。

③ 阿里研究院、阿里跨境电商研究中心：《2016 中国跨境电商发展报告——贸易的未来：跨境电商连接世界》，2016 年 9 月，第 4～5 页，http://i.aliresearch.com/img/20160901/20160901101059.pdf。

④ 中国电子商务研究中心：《2016 年（上）中国电子商务市场数据监测报告》，2016 年 9 月，http://www.100ec.cn/zt/upload_ data/B2B/EC.pdf。

易范围覆盖235个国家和地区，其带动的物流再次刷新全球纪录，共产生6.57亿物流订单。在从裂变到聚变的过程中，阿里巴巴努力构筑未来商业的基础设施，包括交易市场、支付、物流、云计算和大数据，不仅让商家与互联网联结，更是聚集了来自全球的需求，连接全球的商家与消费者。用马云的话说是“创造一个历史从来没有诞生过的、跨边界跨时空和跨国界的经济体”。[①] 马云希望到2036年阿里巴巴平台整体销售额超过世界第五大经济体的国内生产总值，仅居于美国、中国、日本和欧盟之后，其发展目标是拥有20亿用户，按照目前的数字计算，这相当于1/4的地球人口。经过十余年的培育，阿里巴巴的生态到今天开始聚集来自全球的需求，连接全球的商家与消费者，进而改变上游的制造、物流与金融配置的效率，通过互联网的方式形成新的生产关系与新的生活方式。[②]

最后，在信息安全方面，阿里巴巴也具有世界水平的技术与管理经验。“双十一”的安全保障是要确保涵盖平台、商家、供应商和物流整个大生态系统的安全平稳运营。这个巨大的安全战略体系包括提前感知网络攻击、随时识别异常行为、风险案例自动追踪等。2016年11月11日“光棍节”大促销中，阿

---

① 新浪科技：《2016天猫双十一当天交易额超1207亿元，无线成交占比近82%》，2016年11月12日，http://tech.sina.com.cn/i/2016-11-12/doc-ifxxsmic6065504.shtml。

② 中国电子商务研究中心：《2016年（上）中国电子商务市场数据监测报告》，2016年9月，http://www.100ec.cn/zt/upload_ data/B2B/EC.pdf。

里巴巴的云盾防护系统共抵御 2000 次 DDoS 攻击，5 亿次 Web 攻击，6 亿次密码暴力破解。①

三　数字经济与“新四大发明”

“古有指南针、造纸术、火药、印刷术四大发明，现有高铁、支付宝、共享单车、网购新四大发明”，这句话是 2017 年中国网络上的流行语。尽管略有夸大，但是的确描述出中国未来的创新潜力。这里所谓的“新四大发明”是外国媒体对中国领先世界的新型消费产品或消费模式的总结。② 其中上榜的新四大发明中，有两件与阿里巴巴直接相关，那就是支付宝与网购，它们代表了电子化互联网世界，并能产生“再全球化”塑造能力。

首先，数字基础设施成为再全球化的新基础设施。一般而言，数字经济 1.0 的核心是 IT（Information Technology）化，此时互联网刚刚开始发育。在这个阶段，信息技术在传统的行

---

① 阿里研究院：《未来商业新常态：2016 年“双 11”深度洞察》，研究报告，2016 年 11 月。

② 需要指出的是，尽管新四大发明看起来都是企业提供的商品，不是严格意义上的公共产品，但是这些商品与消费有一个共同特点，即“共享”。我们需要辩证地理解公共产品与私人产品的关系。实际上，公共产品与私人产品的界限不是绝对的，在某些时期是私人产品的东西在其他时期可能就会转化为公共产品。例如知识产权期限内的创新技术是私人产品；但过了保护期限，就变成了公共产品，可以被任何人使用。往往人类重大公共产品的雏形都是一些企业创新的结果，例如互联网。参见刘远举《“新四大发明”见证中国经济转型》，《新京报》，2017 年 9 月 1 日。

业和领域得到推广应用，属于 IT 技术的安装期，但是没有能在全社会形成成熟的互联网商业模式。近年来基于数字技术、以互联网平台为重要载体的数字经济开始兴起，我们称之为数字经济 2.0 时代。数字经济 2.0 的核心是 DT（Data Technology）化，即万物在线互联，以前所未有的速度增长，数据成为驱动商业模式创新和发展的核心力量。数字经济 2.0 架构在“云网端”新基础设施之上，生长出互联网平台这一全新的经济组织，并带来了商业模式、组织模式、就业模式的革命性变化。① 简单来讲，数字基础设施是指至少有一个部分包含信息技术的基础设施，一般包括两种：混合型和专用型。混合型数字基础设施是指增加了数字化组件的传统实体基础设施。例如，安装了传感器的自来水总管、数字化停车系统、数字化交通系统等。专用型数字基础设施是指本质就是数字化的基础设施，如宽带、无线网络等。这两类基础设施共同为各领域的数字经济发展提供了必要的基础设施条件。近年来，移动互联网、大数据、云计算、物联网、人工智能等信息技术的突破和融合发展促进了数字经济的快速发展。移动互联网的发展从根本上摆脱了固定互联网的限制和束缚，拓展了互联网应用场景，促进了移动应用的广泛创新。移动互联网的发展、低成本的传感器和云计算的发展等推动了物联网发展。据估计 2020 年将有 500 亿

① 阿里研究院：《数字经济 2.0 报告——告别公司，拥抱平台》，2017 年 1 月，http：//i. aliresearch. com/file/20170109/20170109174300. pdf。

台互联设备上线，未来接入物联网的终端数量还将以十倍、百倍的速度增加，物联网数据容量也将呈指数增加，每两年便翻倍。此外，人工智能技术的发展还显著提高了大数据自主分析能力。如果不具有智能技术，即使存在所需的庞大数据，也无法对大数据进行收集、处理、分析，无法从中发掘出新的意义、产生新的价值。人工智能技术通过读懂视频、音频甚至人类自然语言，分析物联网中大量琐碎的非结构化数据，可以总结出其中隐含的规律，支持智能决策。所以，大数据和人工智能技术的有效运用将推动物联网发展，实现物联网从量变到质变的飞跃。①

其次，分享经济让再全球化发展更加包容与均衡。2016年，分享经济在中国商业史上翻开了全新的一页。在中国传统的拉动经济增长的投资、消费、出口“三驾马车”动力放缓之时，“互联网+”共享经济让中国爆发出新动力。在共享出行市场，中国已经走在世界前列。目前中国每年共享出行次数已过百亿，占全球市场份额的67%。而且以ofo小黄车、摩拜单车为代表的“中国原创”商业模式开始走向全球，从技术创新走向模式创造，引发诸如美国的Spin等共享单车企业的复制和模仿。共享单车从2016年开始在中国风靡起来，仅仅经过不到两年时间，中国共享单车的投放量与使用量已经超过世界所

---

① 腾讯研究院：《中国“互联网+”数字经济指数（2017）》，2017年4月20日，http://www.tencentresearch.com/4868。

有共享单车的总和，中国正在进行一场变革性的共享经济实验。由无数共享单车构成的个体与数据就是一个庞大的物联网，犹如一张移动的蜘蛛网，可以从不同场景中获取大数据。其中的智能车锁、大数据分析、电池系统、车身制造都涉及高科技，比如摩拜单车内置的全球导航卫星系统 GNSS 支持 GPS、北斗以及格洛纳斯（GLONASS），构建了全球最大的移动物联网系统。创始于北京大学的 ofo，作为全球首创和最大的共享单车平台，目前已经为全球 46 座城市的 3000 多万名用户，提供超过 4 亿次出行服务，连接的共享单车超过 250 万辆。[①] 凭借创新的智能无桩共享单车模式、领先的物联网科技、符合国际标准的品质和时尚新颖的设计，截至 2017 年 8 月，ofo 已经覆盖全球 7 个国家：中国、新加坡、美国、英国、哈萨克斯坦、泰国和马来西亚。摩拜目前则已进驻新加坡、英国、日本、意大利。共享经济不是自娱自乐的封闭经济，新经济革命已从中国扩展到全球。在摩拜单车的全球布局规划中，预计 2017 年的共享单车业务计划将拓展到 20 个国家和地区，在全世界刮起一股中国共享风潮。此外，自行车之外的共享经济也在全球盛行起来。2016 年 1 月通用公司向美国第二大汽车共享企业 Lyft 注资 5 亿美元，推出汽车共享服务 Maven，客户使用智能手机软件或其他智能设备就可接入车辆，并自己驾驶汽车。同年 5 月，丰田汽车公司和 Uber 宣布，将联手开

① 王一：《ofo 小黄车骑行闯世界》，《人民日报》2017 年 3 月 29 日第 14 版。

拓拼车业务。之后不久，大众集团也发布全新独立品牌 Moia。Moia 能提供类似公交车和打车软件的服务，车辆可以通过手机 App 进行呼叫，同时用户之间可以共享车辆。

最后，中国领先的智能科技将为推进再全球化发展新模式打开新空间。人工智能（AI）赋予了机器一定的视听感知和思考能力，不仅会促进生产力的提高，而且也会对经济与社会的运行方式产生积极作用。2016 年是人工智能商业化元年，AlphaGo 机器人 4∶1 完败韩国职业围棋手后，人工智能引发世界的普遍关注。如今 IBM、微软、Facebook、百度等领先的互联网企业也都相继开放了人工智能平台，人工智能加速商业化使得政府也意识到了人工智能对于经济发展和产业升级的重要作用。2015 年中国政府发布的《中国制造 2025》，把智能制造作为发展重点，在制造业中嵌入人工智能技术。2016 年的多个产业政策提出尽快建立人工智能产业体系，促进人工智能技术发展和产业化应用。[①] 根据乌镇智库数据，目前全球人工智能企业主要集中于美国、英国及中国。2016 年美国、中国、英国三国人工智能企业数量占全球总数的 65.73%，分别有 2905 家、709 家和 366 家（参见图 13）。[②] 中国人工智能企业快速发展，在国际舞台上正发挥着越来越重要的引领作用。

---

① 建投华科投资股份有限公司：《中国智慧互联投资发展报告（2017）》，社会科学文献出版社，2017，第 35 页。

② 乌镇智库、网易科技、网易智能：《乌镇指数：全球人工智能发展报告（2016）（框架篇）》，2016 年 10 月，第 7 页，http：//h5.iwuzhen.org/pdf/AI－Overview.pdf。

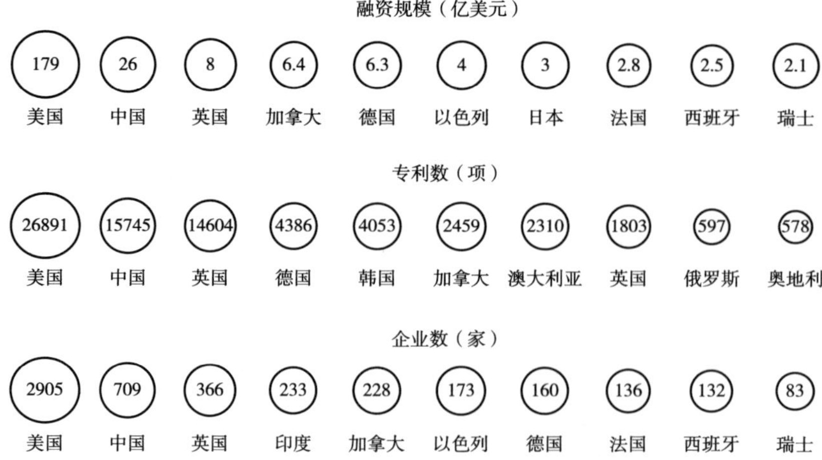

图 13　2016 年世界人工智能技术的发展格局

资料来源：乌镇智库、网易科技：《乌镇指数：全球人工智能发展报告（2016）（精华篇）》，2016 年 11 月，第 21 页。

在中国，以 BAT（百度、阿里巴巴、腾讯）为代表的互联网巨头主要借力自身的海量数据优势，布局应用层面各领域，共同推进“AI +”在应用层面的落地，力图在基础技术和关键应用领域占据先发优势。例如百度建立了专注于人工智能研究的研究所，在应用层面推出了度秘，并研发无人车视觉技术，在基础层面开发“百度大脑”；阿里巴巴在人工智能上更多地关注云计算方面，目前阿里巴巴的人工智能产品主要应用在电子商务和 B 端两个层面上，并推出了智能机器人客服平台，开放了国内首个人工智能计算平台 DTPAI；腾讯则推出了撰稿机器人 Dreamwriter，开放了视觉识别平台腾讯优图，在 2016 年成立了人工智能实验室。为了在未来全球化进程中占据主动，中国与美国都把人工智能当作未来战略的主导，出台发展战略规划，从国家战略层面进行整体推进。作为最大的发展中国家，中国也在战略引导和项目实施上做了整体规划和部署。而且中美两国都在国家层面建立了相对完整的研发促进机制，整体推进人工智能发展。

此外，中国目前是世界上最大的网络零售市场，在网络购物用户规模和交易额方面均位居全球第一。2016年天猫“双十一”当天交易额突破千亿元，覆盖235个国家和地区，创下全球零售史上的奇迹。联合国贸发会议和WTO的附属机构国际贸易中心（Internationl Trade Center）报告显示，中国是2016年全球最大的零售电子商务市场。随着越来越多的消费者转投线上，线下渠道开始更多地承担起补充线上销售的角色，中国在在线支付、移动支付、共享经济、人工智能等方面呈现领跑全球之势。[①]

① 尹丽波主编《工业和信息化蓝皮书：世界信息化发展报告（2016～2017）》，社会科学文献出版社，2017。

第七章　倒逼机制与中国经济特区经验

改革开放胆子要大一些，敢于试验，不能像小脚女人一样。看准了的，就大胆地试，大胆地闯。深圳的重要经验就是敢闯。没有一点“闯”的精神，没有一点“冒”的精神，没有一股气呀、劲呀，就走不出一条好路，走不出一条新路，就干不出新的事业。

——1992 年 1 月邓小平南方谈话

要通过扩大开放形成倒逼机制，为振兴民族工业增添新动力，激发新活力。

——2015 年 11 月李克强总理谈深化改革

中国已经是国际秩序变革乃至重塑全球化进程的重要推动力量，但是要获得全面的领导力，还有很长的路要走。上海航运运价交易所、阿里巴巴、“一带一路”倡议的故事，都在告诉我们中国和世界的关系正在发生深刻的变革。告别传统的单线思维，我们需要认识到：一个日益强大的中国必将反过来塑造和影响全球化的特点与进程。由此“再全球化”呈现出双向互动特点，强调国内与国际联动、新兴国家与世界联动，边缘与中心联动，超越西方中心主义的狭隘思维，倡导更加包容共享的全球秩序。其中，倒逼机制是全球化进程的重要动力机制。改革开放伊始，国家设立了深圳等“经济特区”，区内实行特殊政策。20 世纪 80 年代中期，又先后建立 14 个“沿海开放城市”和设定沿海地区的一些市、县和沿海开放城市所辖县为“沿海经济开放区”；伴随着改革开放的深化，不断有“经济技术开发区”和“高新技术开发区”在全国范围内陆续成立，能够进入“开发区”的企业享有一定的优惠政策。90 年代初期，又陆续出现了 10 多个“国家级新区”，近些年又设立了“自贸区”等，这些都是中国适应全球化进程的内部改革，其成功经验如今已成为中国特色开始向外推广，反过来将塑造新的全球化进程，引领再全球化。

一　以开放促改革：中国自贸区的创新试验

早在 1978 年十一届三中全会上，“改革”与“开放”便作为彼此密切结合的方略被提出。作为内部自我调整机制的“改革”，与作为外部调整机制的“开放”形成了中国建设现代社会的双引擎，不仅相互支撑，而且相互补充。实践表明，每当国内改革动力不足，乃至陷入争论的时候，扩大开放往往便会扮演改革“救驾者”的角色，发挥“倒逼”的作用。比较经典的实例包括 1980 年经济特区的建立，以及 2001 年中国加入 WTO。改革史上这两次“开放倒逼改革”的成功，使新时代条件下的自贸区模式遍地开花。在中国改革开放的进程中，工业园区的类型有经济技术开发区、高新技术产业开发区、边境经济合作区、出口加工区、保税区、保税港区、综合保税区、保税物流园区、物流园区、跨境工业区和自由贸易试验区等，它们各自享受的政策扶持力度与职能定位是不一样的。

整体而言，在中国经济奇迹的背后，有着各种不同的“开发区”和“高新区”，它们已经成为创新实验的基地。而且国内新区的布局对当地建设具有明显的带动作用，成为一个区域的增长极，能够发挥辐射效应。譬如：上海的浦东新区对长三角、东南沿海及沿江的经济增长都有不同程度的带动作用；重庆的两江新区，对重庆整个地方的经济增长和发展的带动作用十分明显。截至 2017 年，如果算上河北雄安新区，国家级新区总数为 19 个。中国具有各种不同定位的经济特区，从地方层次到国家层次再到世界层次的自贸区网络，为中国参与和引领新一轮全球化即再全球化进程提供了重要制度创新平台（参见表 13）。在职能定位上，不同的特区有不同内容。①经济特区：为了稳妥推进改革，中国一直采取先局部试点再推广经验的渐进式改革策略。改革开放早期，曾设立深圳、珠海等几个经济特区，区内实行特殊的政策。综合改革试验区与特区在性质上比较接近，但“试验”内容更明确。比如，有的针对城乡协调发展问题，有的针对资源环境问题等；②“经济技术开发区”：既着眼于产业发展的规律，又着眼于区域发展规律。特别是在20世纪八九十年代的时候，推动不同的产业互补，突出产业的集聚优势，政府都要发挥较大的作用。能够进入园区的企业享有一定的优惠政策，比如提供工业用地优惠和税收减免。③“高新技术产业开发区”：更多的是着眼于产业发展规律。高新技术产业在发展初期需要政府的扶植。科技部对于“高新区”的建设制定了详细的产业指导目录。④自贸区即自由贸易试验区：园区内的生产、贸易和投资活动适用的关税、审批和管理政策灵活。有时各种“区”相互之间并不是排斥的，同一个地方可以同时具备多种“区”的身份。

表13　中国的新区、经济特区、开发区与自由贸易区

	新区	经济特区	开发区	自由贸易试验区
数量	19	7	219	11
典型例子	雄安新区、浦东新区、天津滨海新区	深圳、珠海、厦门、汕头、海南、喀什、霍尔果斯	每个省份都有不同等级的开发区	上海自贸区等
特点	突出区域发展与资源整合，发挥经济中心的辐射带动作用	依靠特殊政策支持，充分发挥当地独特优势，建立独立的经济体	工业聚集地、生产园区，有统一的政策优惠和产业规划	外贸制度创新，关税、审批和管理政策的国际对接

资料来源：笔者自制。

为了探索再全球化的新规则，中国需要将国内发展与国际发展结合起来，从国内规则角度探索未来全球发展新方向，其中创建各种类型的政策试验田就是一种独特的改革智慧（参见表 14）。2013 年 3 月，国务院总理李克强在一次座谈会上谈到在上海建立自贸区的设想，他说："我们要用开放扩大内需，用开放形成倒逼机制，用开放促进新一轮改革。"① 这是李克强第一次提出建立上海自贸区背后的改革方略。国务院公布的《中国上海自由贸易试验区总体方案》提出自贸区的指导思想是："紧紧围绕国家战略，进一步解放思想，坚持先行先试，以开放促改革、促发展"，其中"开放促改革"再次得到了明确表述。这种"开放倒逼改革"方略的重点是，借助开放所带来的外部力量，推动内部进行制度调整。具体而言，是通过上海自贸区的实验，树立政府锐意改革的良好形象，提振国民的改革信心；尝试推动金融、贸易管理体制的转变；探索产业升级的可行路径；寻找整合东亚经济的适当模式，最终为全面改革提供参照。2013 年 12 月 2 日中国人民银行发布《关于金融支持中国（上海）自由贸易试验区建设的意见》，上海自贸区被允许在推进人民币跨境使用、人民币资本项目可兑换、利率市场化和外汇管理等领域进行改革试点，这标志着上海自贸区金融改革的深化。2017 年 3 月 31 日，国务院印发了《全面深化中国（上海）自由贸易试验区改革开放方案》，上海自贸区进入 2.0 时代。方案明确提出：上海自贸区要加强改革系统集

---

① 鲁楠：《"改革促进开放"抑或"开放倒逼改革"》，《文化纵横》2013 年第 6 期，第 74～76 页。

成，建设开放和创新融为一体的综合改革试验区；要加快同国际通行规则相衔接，建立开放型经济体系的风险压力测试区；要进一步转变政府职能，打造提升政府治理能力的先行区；要创新合作发展模式，成为服务国家“一带一路”建设、推动市场主体“走出去”的桥头堡；要服务全国改革开放大局，形成

表 14　中国自由贸易试验区的“1 +3 +7”格局

批次（时间）	名称	战略定位
第一批（2013 年 9 月 29 日）	上海自由贸易试验区	深化完善以负面清单管理为核心的投资管理制度、以贸易便利化为重点的贸易监管制度、以资本项目可兑换和金融服务业开放为目标的金融创新制度、以政府职能转变为核心的事中事后监管制度，形成与国际投资贸易通行规则相衔接的制度创新体系，充分发挥金融贸易、先进制造、科技创新等重点功能承载区的辐射带动作用，力争建设成为开放度最高的投资贸易便利、货币兑换自由、监管高效便捷、法制环境规范的自由贸易园区
第二批（2015 年 4 月 21 日）	天津自由贸易试验区	以制度创新为核心任务，以可复制和推广为基本要求，努力成为京津冀协同发展高水平的对外开放平台，全国改革开放先行区和制度创新试验点，面向世界的高水平自由贸易试验区
	福建自由贸易试验区	围绕立足两岸、服务全国、面向世界的战略要求，充分发挥改革先行优势，营造国际化、市场化、法治化营商环境，把自由贸易试验区建设成为改革创新试验田；充分发挥对台优势，率先推进与台湾地区的投资贸易自由化进程，把自由贸易试验区建设成为深化两岸经济合作的示范区；充分发挥对外开放前沿优势，建设 21 世纪海上丝绸之路核心区，打造面向 21 世纪海上丝绸之路沿线国家和地区的开放合作新高地
	广东自由贸易试验区	依托港澳、服务内地、面向世界，将自由贸易试验区建设成为粤港澳深度合作示范区、21 世纪海上丝绸之路重要枢纽和全国新一轮改革开放先行地

续表

批次(时间)	名称	战略定位
第三批（2017 年 3 月 31 日）	辽宁自由贸易试验区	以制度创新为核心，以可复制可推广为基本要求，加快市场取向的体制机制改革、积极推动结构调整，努力将自由贸易试验区建设成为提升东北老工业基地整体竞争力和对外开放水平的新引擎
	浙江自由贸易试验区	以制度创新为核心，以可复制可推广为基本要求，将自由贸易试验区建设成为东部地区重要海上开放门户示范区、国际大宗商品贸易自由化先导区和具有国际影响力的资源配置基地
	河南自由贸易试验区	以制度创新为核心，以可复制可推广为基本要求，加快建设贯通南北、连接东西的现代立体交通体系和现代物流体系，将自由贸易试验区建设成为服务于“一带一路”建设的现代综合交通枢纽、全面改革开放试验田和内陆开放型经济示范区
	湖北自由贸易试验区	以制度创新为核心，以可复制可推广为基本要求，立足中部、辐射全国、走向世界，努力成为中部有序承接产业转移示范区、战略性新兴产业和高技术产业集聚区、全面改革开放试验田和内陆对外开放新高地
	重庆自由贸易试验区	以制度创新为核心，以可复制可推广为基本要求，全面落实党中央、国务院关于发挥重庆战略支点和连接点重要作用、加大西部地区门户城市开放力度的要求，努力将自由贸易试验区建设成为“一带一路”和长江经济带互联互通重要枢纽、西部大开发战略重要支点
	四川自由贸易试验区	以制度创新为核心，以可复制可推广为基本要求，立足内陆、承东启西，服务全国、面向世界，将自由贸易试验区建设成为西部门户城市开发开放引领区、内陆开放战略支撑带先导区、国际开放通道枢纽区、内陆开放型经济新高地、内陆与沿海沿边沿江协同开放示范区
	陕西自由贸易试验区	以制度创新为核心，以可复制可推广为基本要求，全面落实党中央、国务院关于更好发挥“一带一路”建设对西部大开发带动作用、加大西部地区门户城市开放力度的要求，努力将自由贸易试验区建设成为全面改革开放试验田、内陆型改革开放新高地、“一带一路”经济合作和人文交流重要支点

资料来源：笔者根据《中国（上海）自由贸易试验区总体方案的通知》《进一步深化中国（上海）自由贸易试验区改革开放方案》整理而成。

更多可复制推广的制度创新成果。[①] 从制度创新看，中国可以通过打造上海自贸区为进一步开放市场融入经济全球化以及调整国家经济发展模式绘制路线图，在推进国内发展与全球化联动方面探索新模式。因此，上海自贸区是中国对接新一轮全球化规则的前沿阵地，能推动孵化具有中国经验与实践特色的改革发展模式，为引领再全球化积累在地化经验。[②]

二　发展是硬道理：中国经验的全球含义

中国改革开放近 40 年取得的发展成就，带给中国的是一场千年未有的大变局，带给世界的却是历史坐标的大翻转。这是当今时代最为重大的历史事件，中国的发展成就颠覆了西方哲学社会科学的理论阐释模式和理论预期。这样的历史巨变，迫切需要阐明好中国道路，总结好中国经验。邓小平在改革开放之初，大声宣布："发展是硬道理！实践是检验真理的唯一标准。"全人类的基本问题是要发展，特别是广大亚非拉国家正处于急需发展经验与路径的重要阶段，迫切期待寻找符合自身国情的发展道路。联合国《21 世纪议程》在其序言开篇就庄严指出："人类站在历史的关键时刻。面对贫困、饥饿、病

① 《国务院印发〈全面深化中国（上海）自由贸易试验区改革开放方案〉》，新华社，2017 年 3 月 31 日。

② 郑永年、王璐瑶：《全球经济新规则下的自贸区试验》，《文化纵横》2013 年第 6 期，第 60 ~ 67 页。

痛、生态恶化等全球性问题，没有任何一个国家能单独实现这个目标，但只要我们共同努力，建立促进可持续发展的全球伙伴关系，这个目标是可以实现的。”① 然而，发展是一个综合性难题，更需要经验性指导。中国作为世界上第一个实现贫困人口比例减半目标的国家，对世界发展做出了杰出贡献。中国发展经验的全球含义体现在两个方面。

第一，发挥中国独特的“桥梁”作用，带动发展中国家共同发展。国际舞台上的中国具有三重身份，既是大国，又是发展中国家，还是非西方国家，这种多重身份可以成为联系南北国家的桥梁，发挥“推拉”并重的影响。一方面在安理会、联合国大会、G20 等多边框架内敦促发达国家履行南北援助义务，推动发达国家践行承诺，发挥全球公益的“推（push）”的作用；另一方面在南南合作中帮助发展中国家摆脱贫困走向富强。例如，在亚非会议、中非合作论坛、中拉论坛、中国—东盟（10 +1）领导人会议中发挥“拉（pull）”的作用，鼓励欠发达国家参与中国经济发展进程。比如，2015 年 4 月习近平主席在亚非领导人会议和万隆会议 60 周年纪念活动上庄重承诺：对已建交的最不发达国家 97% 的税目产品给予零关税待遇，加大不附加任何政治条件的援助，共同分享“一带一路”、亚洲基础设施投资银行、丝路基金发展红利，未来 5 年内将向

① 联合国环境与发展大会：《21 世纪议程》，国家环境保护局译，中国环境科学出版社，1993，中文版序言第 1 页。

亚非发展中国家提供 10 万个培训名额。此外，通过工业园区建设共享中国发展经验，也是中国发挥“传帮带”作用的方式。截至 2016 年底，中国企业在 36 个国家有在建合作区 77 个，累计投资 241.9 亿美元，入区企业 1522 家，总产值 702.8 亿美元，上缴东道国税费 26.7 亿美元，为当地创造就业岗位 21.2 万个，对促进东道国产业升级和双边经贸关系发展发挥了积极作用。在“一带一路”沿线国家的合作区建设成效显著（参见表 15）。

表 15　中国建立的部分境外工业园区

名称	内容
白俄罗斯中白工业园	由中白两国国家元首倡建的中白工业园，是两国合作共建“丝绸之路经济带”的标志性工程，位于丝路经济带向欧洲延伸的重要节点。该工业园是白俄罗斯招商引资的最大项目，也是中白间最大的经济技术合作项目，投资约 56 亿美元，占地面积 91.5 平方公里，重点发展电子信息、生物医药、精细化工、高端制造等产业。工业园一期起步区于 2017 年 6 月投入使用
泰国泰中罗勇工业园	园区位于泰国东海岸罗勇府，是中国首批境外经济贸易合作区之一，也是首家在泰国开发建设的中国境外工业园区，园区的企业和项目受到当地欢迎。目前已聚集了 80 多家来自中国的企业在泰投资，园区内中国企业的总投资额超过 25 亿美元，为当地创造 2 万多个就业岗位。园区内工作的本地员工占 90% 以上，月均工资达 3000 元人民币
马来西亚马中关丹产业园	该产业园区与中马钦州产业园一起，成为世界上首个互相在对方建设产业园区的姊妹区，创造了“两国双园”新模式。钦州产业园基础设施总计投入超过 30 亿元人民币，目前有 50 多个项目确定入园。关丹产业园重点发展以钢铁、铝材深加工、棕榈油加工等双方具有传统优势的工业；加快发展以信息通信、电器电子和环保产业等为主的新兴产业，并积极发展金融保险业等

续表

名称	内容
匈牙利中欧商贸物流园	该园区是根据我国商务部统一部署，按照“一区多园”的模式，在欧洲地区建设的首个国家级境外经贸合作区和首个国家级商贸物流型境外经贸合作区。园区规划总投资2.64亿美元，目前已基本完成了“一区三园”的规划布局建设。园区初步形成了覆盖欧洲和中国主要城市的配送网络体系，每年带动货物进出口贸易额2.45亿美元
中国—阿曼（杜库姆）产业园	该产业园于2017年4月19日举行了奠基典礼，是外国投资者在阿曼投资建设的最大的产业园。园区拟建项目规划总投资670亿元人民币，包括石油化工、建筑材料、电子商务等9个领域。2017年4月，来自宁夏、河北等地的10家中国企业签署了入驻协议，投资总额32亿美元，签约内容包括海水淡化联产提溴项目、发电站项目等
乌兹别克斯坦鹏盛工业园	该工业园位于乌兹别克斯坦共和国锡尔河州，投资总额约9000万美元。园区建设经营过程中多次得到中乌两国政府的肯定，成为中国在乌投资民营企业成功的范例之一。截至2015年底，园区员工总人数超过1500人，其中解决当地就业人数逾1300人，为促进当地经济发展、改善民生做出了贡献。工业园还将进一步发展建筑材料、真皮制品、电机电器、轻纺及纺织品等行业
中哈霍尔果斯国际边境合作中心	该合作中心涵盖建立在中哈两国霍尔果斯口岸的跨境经济贸易区和区域合作项目，是中国与其他国家建立的首个国际边境合作中心。中心自2012年4月封关运营至2016年底，入出区人数累计突破1000万人次，总投资超过200亿元，有近30个项目入驻，其中18个项目开工建设，完成投资62.7亿元，入驻商户4000余家
柬埔寨西哈努克港经济特区	该园区是中国首批通过商务部、财政部考核确认的境外经贸合作区之一，是中柬“一带一路”合作的示范样板。全部建成后可容纳企业300家，形成10万产业工人就业，20万人居住的宜居新城。目前，西港特区5平方公里区域内已基本实现通路、通电、通水、通信、排污（五通）和平地（一平），相应的生产、生活配套设施也已同步跟进，来自中国、欧美、日本、韩国等国家及地区的109家企业已经入驻
赞比亚中国经济贸易合作区	该合作区是中国在非洲设立的第一个境外经贸合作区，也是赞比亚政府宣布设立的第一个多功能经济区，由中国有色矿业集团负责园区的开发、建设、运营和管理。经贸合作区分为两个园区：谦比希园区首期规划面积为11.58平方公里；卢萨卡园区总规划面积5.7平方公里。目前，吸引投资近14亿美元，实际完成投资超过12亿美元

资料来源：笔者自制。

第二，注重全局规划，坚持可持续发展理念。按照建设中国特色社会主义的要求，中国的国家发展战略以不断保障和实现人民的发展权为基本价值取向。中国共产党在20世纪80年代初提出了现代化建设“三步走”发展战略目标：第一步，1981～1990年，国民生产总值翻一番，解决人民的温饱问题；第二步，1991年至20世纪末，国民生产总值再翻一番，人民生活达到小康水平；第三步，到21世纪中叶，国民生产总值再翻两番，人民生活比较富裕，达到中等发达国家水平。1997年召开的中国共产党第十五次全国代表大会，将上述“三步走”的第三步战略目标具体化，提出了21世纪上半叶中国新“三步走”发展战略：21世纪第一个十年实现国民生产总值比2000年翻一番，使人民的小康生活更加富裕，形成比较完善的社会主义市场经济体制；再经过十年的努力，到中国共产党成立100年时，使国民经济更加发展，各项制度更加完善；到21世纪中叶中华人民共和国成立100年时，基本实现现代化，建成富强民主文明的社会主义国家。进入21世纪后，中国共产党提出了“全面建设小康社会”的战略构想。2012年中共十八大以来，以习近平同志为核心的党中央，明确将“人民对美好生活的向往”作为执政目标，进一步提出了实现“两个一百年”的奋斗目标：到2020年在中国共产党成立100年时实现第一个百年奋斗目标，中国人民将在全面解决温饱的基础上，普遍过上比较殷实富足的生活，全面建成小康社会；到21世纪中叶中华人民共和国成立100

年时实现第二个百年奋斗目标，中国人均国内生产总值将达到中等发达国家水平，建成富强民主文明和谐的社会主义现代化国家。[①] 为实现“两个一百年”奋斗目标，中国共产党统筹推进经济、政治、文化、社会和生态文明建设“五位一体”总体布局，协调推进全面建成小康社会、全面深化改革、全面依法治国、全面从严治党的“四个全面”战略布局，在推动经济发展的基础上，建设社会主义市场经济、民主政治、先进文化、生态文明、和谐社会，协同推进人民富裕、国家强盛、中国美丽，更加扎实有效地保障和促进发展权的实现。

三 铁肩担道义：中国推进全球治理新发展[②]

发展类公共产品是全球治理的主要内容，从个人健康与国家发展，进而到全球和平，都离不开发展。联合国 2030 年可持续发展议程就包含 17 个可持续发展目标以及 169 个相关具体目标，其中最重要的目标就是倡议全世界努力在 15 年内（即到 2030 年）消除一切形式的贫穷、饥饿，实现平等和谐，并且确保没有一个人掉队。这是对人类发展与全球治理做出的意义非凡的全面规划，也对各个国家的国内、区域与全球公共产

---

① 《为实现“两个一百年”奋斗目标而努力》，新华社，2017 年 7 月 31 日。

② 该段论述源自笔者参与的国家社会科学基金重大专项课题“十八大以来党中央治国理政方略与外交新战略研究”（项目号：16ZZD021）的部分成果。

品供给提出了新目标。从供给角度来看，中国参与的全球发展类公共产品供给的历史由来已久，特别是对外援助、气候与生态保护、全球卫生三项，是中国对全球治理做出贡献的三大重点领域。①

首先，坚持平等援助，以中国经验惠及世界。对外援助具有国际公共产品的特质，能够促进国际社会中的欠发达国家均衡发展，有利于实现联合国可持续发展目标。② 作为发展中大国，中国早在 20 世纪 50 年代初便开始向第三世界国家提供援助，1973 年之前国际援助总额曾一度高达国民收入的 2% 左右，对发展中国家产生相当大的政治影响力。而同一时期的世界发达国家对外援助占国民生产总值比重，还不到中国的 1/3。60 多年来，中国援助了世界上 4/5 的欠发达国家，在促进南北平等方面做出了积极的贡献。与西方国家居高临下的“施舍式”援助、附加政治条件的援助模式不同，由中国开创的南南援助模式强调“互助团结”“共同发展”“不干涉内政原则”，这是一种相互尊重的“水平式”平等援助。③ 平等援助的思想最集中体现在 1964 年中国提出的“对外经济技术援助的八项

① 中国外交部和联合国驻华系统：《中国实施千年发展目标报告（2000 ~ 2015 年）》，2015 年 7 月，http：//www. fmprc. gov. cn/web/wjb_ 673085/zzjg_ 673183/gjjjs_ 674249/xgxw_ 674251/W020150724703851679186. pdf。

② 姜默竹：《朋友与利益：国际公共产品视角下的中国对外援助》，《东北亚论坛》2016 年第 5 期，第 40 ~ 49 页。

③ 庞珣：《新兴援助国的“兴”与“新”——垂直范式与水平范式的实证比较研究》，《世界经济与政治》2013 年第 5 期，第 31 ~ 54 页。

原则”上。[①] 中国不仅注重尊重受援国的平等地位，而且还以自己的发展与脱贫经验，鼓励受援国自主“造血”。2016 年 4 月，北京大学南南合作与发展学院正式挂牌成立，来自非洲、南亚、中亚、中东和拉丁美洲等地区的 27 个发展中国家的中高级官员及社会团体领袖，来这里学习中国发展经验。[②] 在很多发展中国家看来，中国的发展阶段与它们的差距正好处于“合适区间”，中国 30 年前刚刚走过的路正好是受援国所即将面对的，中国已经是其他发展中国家的学习榜样与发展标准“参考系”。[③]

其次，推进全球气候治理取得重要进展。作为发展中国家，中国肩负着工业化与经济现代化任务，能够抑制发展的负面效应，为全球环境治理做出力所能及的贡献便已难能可贵。经过多年努力，2014 年中国单位国内生产总值二氧化碳排放量

① “对外经济技术援助的八项原则”是周恩来 1964 年访问加纳时提出的，具体内容为：援助双方平等互利；严格遵守受援国的主权，绝不附带任何条件和要求任何特权；以无息或低息贷款的方式提供经济援助；帮助受援国走上自力更生、经济上独立发展的道路；所援建的项目，力求投资少、收效快；中国提供自己所能生产的、质量最好的设备和物资，并据国际市场价格议价；所提供的任何一种技术援助，都保证使受援国人员充分掌握这种技术；中国所派出的专家同受援国自己的专家享受同样的物质待遇。参见周恩来《中国政府对外经济技术援助的八项原则》，1964 年 1 月，载中华人民共和国外交部、中共中央文献研究室编《周恩来外交文选》，中央文献出版社，1990，第 388～389 页。

② 《“在中国，我们增强了发展信心”》，人民网，2017 年 4 月 17 日，http：//world. people. com. cn/n1/2017/0417/c1002－29214338. html。

③ 中国国际经济交流中心、联合国开发计划署：《2013 全球治理高层政策论坛报告——重构全球治理：有效性、包容性及中国的全球角色》，2013 年 8 月，第 28 页。

比 2005 年下降了 33.8%；森林蓄积量比 2005 年增加了 26.81 亿立方米，提前实现荒漠化土地“零增长”，① 这对于一个工业化国家、人口大国来说实属不易。面对国际社会的期待，中国在优化自身发展结构的同时，也积极为全球气候治理贡献正能量。② 例如，中国是最早签署《巴黎协定》的国家之一，而且在 G20 杭州峰会期间创新性推动中美两国批准《巴黎协定》，③ 掀起了一股中国式的绿色旋风。此外，中国还积极利用“一带一路”倡议、“二十国集团”、“金砖国家”等平台机制，供给全球气候治理领域的公共产品。2015 年 11 月中国国家主席习近平在气候变化巴黎大会开幕式上宣布，中国将在发展中国家启动 10 个低碳示范区、100 个减缓和适应气候变化项目及 1000 个应对气候变化培训名额的合作项目；同时也将设立 200 亿元人民币的中国气候变化南南合作基金。④ 2016 年在杭州 G20 峰会上，中国推动创设《G20 能源部长会议北京公报》《加强亚太地区能源可及性：关键挑战与 G20 自愿合作行动计

---

① 外交部：《中国落实 2030 年可持续发展议程：国别方案》，2016 年 9 月，第 3～4 页，http://www.fmprc.gov.cn/web/ziliao_674904/zt_674979/dnzt_674981/qtzt/2030kcxfzyc_686343/P020161012715836816237.pdf。

② 外交部：《落实 2030 年可持续发展议程中方立场文件》，2016 年 4 月 22 日，http://www.fmprc.gov.cn/web/ziliao_674904/zt_674979/dnzt_674981/qtzt/2030kcxfzyc_686343/t1357699.shtml。

③ 2016 年 9 月 3 日下午，国家主席习近平同美国总统奥巴马、联合国秘书长潘基文在杭州共同出席气候变化《巴黎协定》批准文书交存仪式，但特朗普当选美国总统后，于 2017 年 6 月 1 日宣布退出《巴黎协定》。

④ 《习近平在气候变化巴黎大会开幕式上的讲话》，新华网，2015 年 12 月 1 日，http://news.xinhuanet.com/world/2015-12/01/c_1117309642.htm。

划》《G20可再生能源自愿行动计划》《G20能效引领计划》，将气候治理水平提升到新高度，得到国际社会高度评价和广泛认可。[①]

十八大以来的环境公共产品供给呈现出新特点：①明确国内目标，严控环保底线。十八大报告专门对环保问题做出高规格要求，2012～2017年，陆续出台了《大气污染防治行动计划》《水污染防治行动计划》《土壤污染防治行动计划》等一系列法规。同时，被称为“史上最严”的新环保法从2015年开始实施，执法监管力度空前。在绿色发展理念指引下，2016年中国经济的单位GDP能耗、用水量分别比2012年下降17.9%和25.4%，主要污染物减排效果显著。[②] ②发挥领导作用，在多边舞台上发出绿色倡议。习近平主席在巴黎气候大会上宣布中国对于发展中国家新的支持方案（10—100—1000计划），即为发展中国家建立10个低碳经济示范区域，在发展中国家中开展100个减缓和适应气候变化的项目，为发展中国家提供1000个气候变化培训的项目名额。[③] 同时中国率先在《巴黎协议》上签字，提交了一份有进取性的国家自主贡献计划。

① 《G20成员国将力促可再生能源发展》，新华网，2016年7月1日。

② 《推进美丽中国建设——党的十八大以来生态文明建设成就综述》，新华社，2017年8月12日，http://news.xinhuanet.com/politics/2017-08/12/c_1121473465.htm。

③ 甘均先：《中国与全球气候安全治理新进展与新前景（2013～2015）》，载余潇枫等主编《中国非传统安全研究报告（2015～2016）》，社会科学文献出版社，2016，第174～188页。

③关注新能源发展，鼓励绿色创新。立足建立可持续发展社会，中国积极发展新能源。2016 年全世界 76 吉瓦（GW）的新增太阳能光伏装机量中，中国贡献了 31 吉瓦的新增装机容量，连续 4 年位居世界首位。[①] 同时中国也是世界上最大的新能源投资国，“十二五”期间我国非化石能源装机容量占比从 2010 年的 27% 提高至 2015 年的 35%，超额完成规划目标。2016 年，我国火电装机容量增速明显放缓，核电、风能和太阳能发电新增装机容量则保持大幅增长。[②]

最后，补齐全球卫生治理的短板。长期以来，全球公共卫生资源在南北国家的分布呈现出垂直落差。[③] 根据世界卫生组织统计，2012 年低收入国家儿童死亡率约为 8‰，超过高收入国家 13 倍。这些低收入国家的生殖健康服务覆盖率只有 46%，还不到几乎所有的高收入国家的一半。此外，艾滋病新发感染的 70% 的人口居住在撒哈拉以南的非洲。[④] 与之相伴的是，全

① “Mercom Forecasts 76 GW in Global Solar Installations in 2016, a 48% Year on Year Increase over 2015,” November2016, http://mercomcapital.com/mercom-forecasts-76-gw-in-global-solar-installations-in-2016-a-48-yoy-increase-over-2015.

② 黄晓勇等：《世界能源发展现状、未来趋势及中国的能源发展战略》，载崔民选、黄晓勇主编《世界能源发展现状、未来趋势及中国的能源发展战略》，社会科学文献出版社，2017，第 1～91 页。

③ Alan Ingram, “The New Geopolitics of Disease: Between Global Health and Global Security,” *Geopolitics*, Vol. 10, No. 3, 2005, pp. 522-545.

④ 世界卫生组织：《世卫组织/儿童基金会强调需要进一步缩小在获得经改善的饮用水和卫生设施方面的差距》，2014 年 5 月 8 日，http://www.who.int/mediacentre/news/notes/2014/jmp-report/zh/。

球卫生治理系统碎片化、分散化问题异常突出。① 对中国而言，我国国情复杂，人口众多、聚居密集、流动量大，面临的传染病疫情风险与防控形势极具挑战性，然而在这种不利环境下中国却积极作为，对国内与国际卫生治理做出显著的贡献。例如，经过多年努力，中国已经建立了当今世界上规模最大的医疗保障体系，中国也计划超标准完成联合国 2030 年议程的所有指标。中国政府承诺到 2020 年，全国孕产妇死亡率降为 18/10 万人，到 2030 年力争下降到 12/10 万人，这将显著少于联合国 2030 年议程所设定的 70/10 万人的目标。在病菌防控方面，中国于 2016 年发布的《遏制细菌耐药国家行动计划（2016～2020 年）》被世界卫生组织认为是人类应对抗生素耐药性努力的"转折点"。正如世界卫生组织官员所说："没有中国发挥领军作用，全球抗生素耐药问题的战争将很难打赢。"② 自十八大以来，中国卫生外交可圈可点，对国内外的卫生事业都定下了高标准要求，在发挥传统卫生治理优势的同时，也体现出两点新变化。

一方面，开展"一带一路"区域卫生健康合作。为推动"一带一路"沿线国家传染病防控、卫生体制改革、卫生能力建设与人才合作，中国推动发表了《中国—中东欧国家卫生合

① Colin McInnes, "WHO's Next? Changing Authority in Global Health Governance after Ebola," *International Affairs*, Vol. 91, No. 6, 2015, pp. 1299－1316.

② 〔美〕施贺德：《停止抗生素滥用，中国可以有所作为》，2016 年 9 月 22 日，http：//www. wpro. who. int/china/mediacentre/releases/2016/20160922GamrGopGed/zh/，2017G05G12.

作与发展布拉格宣言》《第二届中国—中东欧国家卫生部长论坛苏州联合公报》《中国—东盟卫生合作与发展南宁宣言》等多边公报，也积极实施中非公共卫生合作计划、中国—东盟公共卫生人才培养百人计划等 41 个项目。通过多边与双边合作的多种形式，中国与沿线国家在传统医药领域积极扩大交流合作，目前设立了中捷（克）中医中心等 16 个中医药海外中心，与 15 个国家签署了中医药合作协议。[①] 另一方面，积极扩大卫生软援助。[②] 卫生软援助具有深入基层、贴近民众的优势，更有助于积累国家“软实力”。在全球卫生治理中，以中国、印度等为代表的新兴经济体在国际援助中引领“南南合作”模式，该模式强调卫生“软援助”作用，关注对个体的卫生支持。在中非合作论坛的框架下，中国从 2007 年开始帮助非洲建成了 89 家医院和 30 家疟疾防治中心，并提供价值 1.9 亿元人民币的抗疟药物，以及其他大量医疗设备和药品。[③] 援非医疗队以认真负责的态度治病救人，为普通民众服务，给贫困地区患者的生活带来巨大的变化，赢得非洲民众的广泛赞誉。[④]

---

① 推进“一带一路”建设工作领导小组办公室：《共建“一带一路”：理念、实践与中国的贡献》，2017，第 9 页。

② “软援助”是指非物资、非资金的，侧重技术、人力、能力建设等方面的支援。参见宋衍涛、卫旋《中国对外援助中的“软援助”探究》，《山东科技大学学报》（社会科学版）2012 年第 6 期，第 86 ~ 91 页。

③ 李安山：《中非医疗合作 50 年：成就、挑战与未来》，载北京大学全球卫生研究中心主编《全球卫生时代中非卫生合作与国家形象》，世界知识出版社，2012，第 9 ~ 26 页。

④ Peilong Liu et al., “China's Distinctive Engagement in Global Health,” *The Lancet*, Vol. 384, No. 9945, August/September 2014, pp. 793 - 804.

第八章　拥抱再全球化时代

道虽迩，不行不至；事虽小，不为不成。

——《荀子·修身》

我们走自己的路，具有无比广阔的舞台，具有无比深厚的历史底蕴，具有无比强大的前进定力。

——2013 年习近平在《纪念毛泽东同志诞辰 120 周年座谈会》上的讲话

作为新兴国家，中国曾长期享受后发优势的红利，从全球化中获益良多，比如引进现代化技术、借鉴国际管理经验、学习市场经济制度、制订自由贸易规则、促进航海自由与稳定国际安全形势等，中国崛起受益于全球公共产品所带来的发展红利。[①] 但是国际社会不可能允许中国永远做一个搭便车者，特别是当全球秩序出现混乱、中国自身实力显著增强的时候，它

① 张士铨：《国家经济利益与全球公共物品》，知识产权出版社，2016，第 148～149 页

会期待中国发挥领导作用。尤其是在全球化和全球治理面临挑战的关口，中国更需把握机遇，奋发有为。对中国而言，在再全球化进程中，机遇与挑战并存。

一　中国引领再全球化的优势

依据目前发展态势，国际社会普遍看好 2030 年中国实现崛起的前景。有专家分析指出，即便在增长较慢情况下，中国在 2015 ~2020 年、2021 ~2025 年和 2026 ~2030 年三个时期的 GDP 年均增长率仍然可以达到 6.2% 、5.3% 和 4.3% 。[①] 按照这个速度，“十四五”时期（2021 ~2025 年）中国将迈过“中等收入国家陷阱”，进入高收入国家行列。著名经济学家林毅夫也认为，中国经济规模到 2030 年将居世界之首。2030 年以后中国相对于其他发达国家差距将极大地缩小，基本迈入发达国家行列，世界经济的主要中心将转移到中国。[②] 国际经济学界甚至有更加乐观的看法，认为到 2019 年中国经济就将超过美国成为世界第一，而到 2030 年中国经济总量将达到 66.4 万亿美元，相当于那时美国经济总量的 2 倍。在其他指标方面，2030 年中国也将成为全世界最大的科技研发投入、科技出口与

① 李雪松等：《“十三五”及 2030 年发展目标与战略研究》，社会科学文献出版社，2016，第 6 页。

② 《林毅夫：2030 年中国将成为世界第一大经济体》，中国新闻网，2017 年 3 月 26 日。

人才强国，科技与文化实力首屈一指。与之类似，美国国家情报委员会曾经根据国内生产总值、人口规模、军费开支与科技实力这四个指标计算出一种全球权力指数（Global Power Index），以此来评估大国实力消长。该指标体系测算结果显示，未来20～30年中国将一枝独秀，成为世界上权力增长最快的国家，到2030年中国将超越美国成为世界最有权力的国家。后来，美国国家情报委员会对权力指数进行了调整，新加入了健康、教育与治理能力三个指标，体系更加综合全面，而预测结果依然显示2040年将是中国成为全球第一大国的时间节点。[①] 上述预测与指标都说明，经过几十年的发展，中国实现了其他国家几百年取得的发展成就，当我们前所未有地走近世界舞台中心时，需要着眼未来，充分释放自己的潜力。[②] 中国的发展成功正揭示其巨大潜力，其中有三点比较突出。

第一，在大型基础设施建设方面，中国的技术优势与成本优势明显。毫无疑问，道路、桥梁、运河与港口等基础设施建设，是未来亚洲经济发展繁荣的基础。而中国在基础设施建设方面具备显著的优势。一方面，中国的大型基建技术处于世界一流水平，建设大型工程的经验丰富。[③] 例如，中国是世界最

---

① U. S. National Intelligence Council, *Global Trends* 2030: *Alternative Worlds*, December 2012, https://www.dni.gov/files/documents/GlobalTrends_ 2030.pdf, p. 16.

② 王恬：《奋力开拓中国特色大国外交新局面》，《人民日报》2017年8月31日。

③ KPMG, *Infrastructure in China*: *Sustaining Quality Growth*, Hong Kong: KPMG International, 2014, https://home.kpmg.com/cn/en/home.html.

大的可再生能源生产国，其中水力发电技术非常成熟，国内水电设施的配置能力长期排名世界第一。[①] 再例如，中国拥有世界上最长的高速铁路网络，2016 年底中国的高铁运营里程已超过 2 万公里，占全世界高铁总量的 65% 左右。[②] 另一方面，中国的技术成本与劳动力成本偏低，向外输出大规模基础设施建设模式的比较优势明显。[③] 从规模与质量上看，中国领先世界的“超级工程”大致可以列举出如下几项。

①中国建立了世界上最大的漂浮式太阳能发电站。该电站的发电量达 40 兆瓦，而此前全球最大漂浮式太阳能电池阵发电量仅为 6.3 兆瓦，这充分展现了中国在风力、水利和太阳能发电方面的技术实力。②建立超级望远镜工程。中国自 2016 年开始建设世界上最大的望远镜——“500 米口径球面射电望远镜（FAST）”工程，该工程位于中国西南部贵州省的一片天然洼坑中，规模远超此前世界第一的阿雷西博望远镜（口径为 305 米），可有效接收宇宙最深处的无线电波，对于航天探索将

---

① 林毅夫、王燕：《超越发展援助：在一个多极世界中重构发展合作新理念》，第 127 页。

② 辛闻：《中国高铁里程达 2 万多公里，占全世界高铁总量 65% 左右》，中国网，2016 年 12 月 29 日，http://www.china.com.cn/news/2016-12/29/content_40005460.htm。

③ 中国高铁具有 350 公里的最高时速优势，其标准的基础单位成本为 1700 万 ~2100 万美元；而欧洲发达国家的高铁时速最快 300 公里，且估算成本为每公里 2500 万 ~3900 万美元；而美国与日本高铁的建造成本则更高，几乎达到每公里 5200 万美元。参见 International Transport Forum，December 2013，http://www.itf-oecd.org/search/statistics-and-data?f[0]=field_publication_type%3A648&f[1]=field_publication_type%3A657。

发挥极为重要的支撑作用。③计划建造超级对撞机。欧洲核子研究组织（CERN）曾建造了世界上最大、能量最高的大型强子对撞机，由来自100多个国家的一万多位科学家、工程师合作研制而成；而中国正计划建造的对撞机，周长在50~100千米，其产生的能量将是欧洲的七倍。④南水北调工程、三峡大坝工程等世界性水利工程。南水北调的总调水里程达4350公里，每年调用448亿立方米的水资源，从调水容量与调水里程来看都是世界第一。三峡大坝工程则为当今世界最大的水力发电工程，历时12年建成，累计发电量突破一万亿千瓦时，在水电领域创造诸多世界第一。⑤跨海大桥工程。港珠澳大桥总长55公里，集桥、岛、隧道于一体，是迄今为止世界上总体跨度最长、钢结构桥体最长、海底隧道最长的跨海大桥，创造了众多“世界第一”。⑥量子卫星与火星探测器等航天技术发展。2013年中国首个探测器登陆月球，继而2016年8月中国发射了世界首颗量子科学实验卫星“墨子号”，实现空间对地面量子密钥分发，被称为人类科学的一个“里程碑”，引发高度关注。[①]

第二，中国发展经验可以为发展中国家提供新思路。中国是一个具有多元身份的国家，既是崛起大国又是发展中国家，也几乎同时经历工业化阶段、后工业化阶段，这种阶梯式发展

---

① 《我国成功发射世界首颗量子科学实验卫星“墨子号”》，新华网，2016年8月16日，http://www.gd.xinhuanet.com/newscenter/2016-08/16/c_1119401729_2.htm。

阶段的共存使中国具备了应对发展差距的充足经验。[①] 例如，在农业与脱贫、扶贫方面，中国积极分享可复制推广的理念型公共产品，众多发展模式正在成为他国的参考样板。在坦桑尼亚，中国援助的杂交水稻技术每公顷产量高达 9 ~ 12 公吨，高出当地传统种植技术产量的 4 倍。[②] 正是因为国情复杂，中国的改革道路强调循序渐进、以点带面。自改革开放以来，中国在每次大规模改革之前都会通过试点积累经验，其中最成功的例子当属农村家庭联产责任承包制试点、深圳特区经济改革试点、沿海城市带开放试点与上海自贸区制度试点等。这种渐进模式有助于在制度创新上积累可复制、可推广的经验，将本国国情与国际规则有效对接，降低改革风险。当前中国已经形成了一个由南至北、由东至西的“1 + 3 + 7”自贸区试点新格局。[③] 自由贸易试验区瞄准制度创新，可以为发展中国家积累改革的模式。中国目前正在进行的人类历史上最大规模的现代化、工业化与城市化进程，将解决一系列重大发展难题，这些经验实践是西方国家很难传递给发展中国家的经验实践，可为

① 中国国际经济交流中心、联合国开发计划署：《2013 全球治理高层政策论坛报告——重构全球治理：有效性、包容性及中国的全球角色》，2013 年 8 月，第 28 页。

② 钱文荣：《联合国应在粮食安全全球治理中发挥主导作用》，载张贵洪、郭峰铖主编《中国、联合国与全球治理》，时事出版社，2014，第 158 ~ 159 页。

③ 王萌、卢泽华：《自贸区引领中国全方位开放，构筑辐射“一带一路”网络》，《人民日报》（海外版），2017 年 3 月 29 日。

全人类发展提供有益思路。[①]

在经验分享方面，中国国际发展知识中心是近年来我国共享全球知识的重要平台。该中心专门挑选中国发展过程中的代表性案例，对国家治理能力现代化、特区试点经验、农村人口脱贫等方面的经验给予系统总结，由此以点带面，丰富全人类共同的知识宝库。[②] 中国国际发展知识中心成立于 2017 年 8 月，目前正在积极开展适合各国国情的发展实践和理论研究，深化各国发展领域研究成果交流（参见表 16）。[③] 在此之前，2016 年 4 月南南合作与发展学院在北京大学正式成立，它通过提供学历学位教育、分享发展经验，帮助发展中国家提升落实可持续发展目标的能力。此外，中国还意识到在全球治理过程中形成统一的科研力量尤为必要。因为研究力量如果分散在多个国家的弱小而独立的研究中心或大学，那么其规模效应与网络效应就难以彰显。因此，为了推动优质人才与研究机构发展，增加区域公共产品的供给，中国在探索成立更多高质量的公共知识中心与社会智库。当知识精英聚集起来后，新的治理

---

① 《中国国际发展知识中心启动，为实现全球可持续发展贡献中国智慧》，国际在线，2017 年 8 月 22 日，http：//news. china. com/news100/11038989/20170822/31151884_ 1. html。

② 《习近平向中国国际发展知识中心启动仪式暨〈中国落实 2030 年可持续发展议程进展报告〉发布会致贺信》，新华社，2017 年 8 月 23 日，http：//zj. people. com. cn/n2/2017/0823/c186327 - 30643365. html。

③ 外交部：《中国落实 2030 年可持续发展议程：进展报告》，2017 年 8 月，第 63 ~ 65 页，http：//www. fmprc. gov. cn/web/ziliao_ 674904/zt_ 674979/dnzt_ 674981/qtzt/2030kcxfzyc_ 686343/P020170824519122405333. pdf。

方案与技术创新可能就会涌现，知识也能向流水一样，从研发中心流向知识洼地。①

表 16　中国国际发展知识中心专题项目

项目名称	主要内容
中国园区发展经验研究	总结中国园区发展经验,探讨中国园区发展经验对其他国家的借鉴意义。世界银行提供巴基斯坦园区案例,联合国工发组织提供埃塞俄比亚园区案例,欧洲复兴开发银行提供白俄罗斯园区案例
丝路国际智库网络(SiLKS)平台建设	与 SiLKS 伙伴和成员合作,围绕“五通”开展专题研究
发展中国家“中国发展基本经验及案例”研修班	已连续开班 14 年,共培训来自 94 个国家的 447 名官员及学者。培训内容包括中国基本国情和发展经验、政策、制度与规划等,还组织学员前往中国各地调研
儿童可持续发展	与联合国儿童基金会合作开展,推动中国和“一带一路”相关国家的儿童可持续发展。三方面研究重点:总结并传播中国在儿童营养健康方面的经验;开展亚洲地区儿童早期发展研究;监测“一带一路”相关国家儿童相关可持续发展目标进展情况
中国落实 2030 年可持续发展议程实施进展和经验研究	待发布,与中国外交部等机构合作
全球发展治理转型与中国担当研究	待发布,与英国国际发展部等机构合作
人道主义援助研究	待发布,与英国国际发展部等机构合作
“一带一路”与中南半岛经济走廊研究	待发布,与亚洲开发银行等机构合作

资料来源：根据中国国际发展知识中心网站信息整理（登录时间：2017 年 8 月 30 日）。

① 樊勇明、钱亚平、饶云燕：《区域国际公共产品与东亚合作》，上海人民出版社，2014，第 13 页。

第三，在互联网、人工智能、大数据分析等新兴技术领域，中国蕴藏着巨大潜力。据有关研究预测，到2030年中国将建成世界上最大的宽带网络与信息基础设施体系，拥有世界最大的信息化社会和信息化技术覆盖人群。[①] 正是因为中国巨大的人口规模与极为广阔的市场，其数字经济与互联网消费正在领跑全球。如今世界互联网企业呈现中美两分天下的格局，百度、阿里巴巴、腾讯、京东四家企业（简称BATJ）入围世界互联网企业十强，几乎占了世界互联网消费的一半。以BATJ为代表的互联网巨头借力自身海量数据优势，大力推进人工智能研发。例如百度建立了专注于人工智能研究的研究所，在基础层面开发"百度大脑"；阿里巴巴在人工智能上关注云计算方面，已推出智能机器人客服平台，开放了国内首个人工智能计算平台DTPAI；腾讯推出了撰稿机器人Dreamwriter，在2016年成立了人工智能实验室。这些新兴领域的探索，有助于中国占领未来制高点。

二　再全球化时代的中国方案[②]

如上所述，从"两个一百年"战略目标进程出发，我们可

① 胡鞍钢：《2030中国：迈向共同富裕（下）》，《农场经济管理》2012年第4期，第16～23页。

② 该段论述受到笔者参与的另一课题的启发，即由王逸舟教授主持的国家社会科学基金重大专项课题"十八大以来党中央治国理政方略与外交新战略研究"（项目号：16ZZD021），特此致谢。

以大致设想一个中国引领再全球化的远景路线图。具体从公共产品供给内容上看：①目前到2020年为一个阶段，中国重点消化与升级现有的区域公共产品与国内公共产品倡议，3年内可以助推“一带一路”倡议与联合国议程对接、加强国内的大气治理与环境保护；尝试建立东亚地区防灾预警体系合作机制，进一步强化对民生领域的支持。②2020～2030年的近10年里，公共产品供给的重点是加速落实联合国2030议程，进一步夯实区域性公共产品并对全球公共产品进行投入规划。例如可以建设全球高铁网络、建成亚太自贸区、建成世界电子贸易与支付平台、建立全球大数据研发中心等，这一阶段可以发挥中国基础设施的传统项目优势与新兴技术领域优势，将区域合作拓展至全球层次。③2030～2050年的20年内，是中国外交的长远布局时期，届时中国将顺利完成“两个一百年”计划，在全球层面上的影响力与实力首屈一指，这时的世界可能会面临更多碎片化、多元化的治理问题，中国可以在预防大规模自然灾害、应对小行星撞击地球与太阳风暴等天文灾害方面发挥领导作用，同时推动对全球网络空间秩序、人工智能建立统一规范；在航空航天方面建立月球、火星实验站，加强跨国联合研发。

时间维度上的近期—中期—长期设想，与空间维度上的国内—区域—全球供给次序结合在一起，构成立体式的全球公共产品供给路线图（参见表17）。简而言之，中国供给公共产品的步骤必须与自身实力增长保持一致，同时在一定阶段积极发挥比较优势，致力于创新公共产品供给模式。除了在传统领域继续做出贡献外，还要开拓新的供给领域，这样有利于避开与霸权国的激烈竞争，增加中国供给新产品的空间。①

表 17 中国引领再全球化的战略规划

阶段	2020 年前 （小康社会建成）	2030 年前 （联合国议程实现）	2050 年前 （“两个一百年”目标达成）
目标	强化国内公共产品，优化区域公共产品成果	走向全球层面，重点布局优势领域的公共产品供给	崛起成为世界强国，全球领导力全面提升，关注人类命运与地球未来
优势	联合国议程的支持	自身经验与区域领导国地位	命运共同体深化，全球领导力获认可
重点	国内层次 + 区域层次	跨区域层次 + 全球层次	全球层次
举例	“一带一路”与联合国议程对接；大气治理与环境保护；建成小康社会；区域防灾预警体系合作	建立全球高铁网络；建立亚太自贸区；世界电子贸易与支付平台；建立全球大数据研发中心等	预防大规模自然灾害；阻击小行星撞击地球与太阳风暴危害；新兴领域全球规范制定（网络空间秩序、人工智能伦理委员会）；火星实验站

资料来源：笔者自制。

第一，2020 年前以收获区域治理成果为主。在未来短期内（2020 年左右），中国应尽量回避与其他大国正面竞争，

① 也可以根据政府的换届周期划分为短期（5 年）、中期（10 年）与长期（15～20年）的时间刻度，本文的三步走时间更加宏大，也更符合中国崛起的节奏。对于全球治理阶段的划分可参见王逸舟、曹德军《铁肩担道义：中国参与联合国治理的新路径、新愿景》，载中国联合国协会《联合国 70 年：成就与挑战》，世界知识出版社，2015，第 475～487 页。

而是以循序渐进的方式强化国内治理，同时升级区域公共产品，让“一带一路”倡议、亚投行、金砖国家组织等平台更加制度化、网络化，以区域治理为依托，积累高层次的治理能力与经验，为全面参与推动全球治理做准备。因此2017～2020年的3年时间，我们需要做的还是夯实基础，继续用好已有平台，例如国际经济与金融组织架构（亚投行、金砖银行、“一带一路”倡议、博鳌亚洲论坛、大连夏季达沃斯论坛），地区安全治理格局（上海合作组织、亚信会议、香山论坛），文化价值类共享理念（亚洲新安全观、命运共同体）建设等。

一方面，将“一带一路”倡议与联合国2030年议程做好对接。“一带一路”倡议是目前中国最具全球规模的国际公共产品供给行动。从区域层次来看，“一带一路”倡议是跨区域的公共产品，重点在亚洲，同时辐射欧洲、非洲与大洋洲。未来3年中国依然需要以此为抓手，继续深化合作，不必急于扩大“一带一路”倡议的范围，而是集中精力经营好国内与周边，防止出现战略透支。[①] 2017年5月举办的“一带一路”国际合作高峰论坛是中国致力于将“一带一路”倡议制度化的重要举措。2020年是中国落实2030年议程的重要节点，“一带一路”倡议的内部制度化可以与外部合作相统一。与2030年议

① 时殷弘：《传统中国经验与当今中国实践：战略调整、战略透支和伟大复兴问题》，《外交评论》2015年第6期，第57～68页。

程进行对接可以最大限度地发挥中国倡议的国际效能，通过将单边倡议与世界各国普遍参与的国际发展议程相结合，实现“平台嫁接”，促进多赢。除了与联合国大会、联合国安理会、联合国粮农组织、联合国教科文组织等专业平台对接之外，还需要积极利用“相关平台”，比如“77 国集团 + 中国”南南合作平台、融通南南合作与南北合作的二十国集团（G20）平台，以及金砖国家组织等。[①] 在杭州峰会上，中国就曾呼吁 G20 成员国在落实 2030 年议程方面先行一步，将“落实 2030 年可持续发展议程，消除贫困，实现共同发展”列为 G20 的四大重点工作领域之一。[②] 这都是中国将现有倡议与联合国议程对接的尝试，后面 3 年可以继续拓展。

另一方面，坚持和平发展，维护区域稳定与和平。继续致力于解决国际和地区热点问题，发挥弥合分歧、劝和促谈的建设性作用。短期内需要继续参与朝核、伊核、叙利亚、南苏丹、阿富汗等问题解决进程，同各国合力应对恐怖主义、网络安全、公共卫生、难民等全球性挑战。特别是在朝鲜半岛无核化方面，需要进一步优化“双轨并行”思路和“双暂停”倡议，致力于在缓解半岛紧张局势、推动重启接触对话方面贡献

① 张春、高玮：《联合国 2015 年后发展议程和全球数据伙伴关系》，《世界经济与政治》2015 年第 8 期，第 88 ~ 105 页。

② 曹嘉涵：《“一带一路”倡议与 2030 年可持续发展议程的对接意义、挑战与方向》，载张宁、李永全主编《丝绸之路经济带和欧亚经济联盟对接研究》，社会科学文献出版社，2017，第 55 ~ 69 页。

中国更多正能量。[①] 2016 年 1 月，朝鲜第四次核试验后，中国曾支持联合国安理会通过将朝鲜的主要出口商品以及运输方式、资金运作渠道全面纳入制裁范围的第 2270 号决议，中国自己也禁止从朝鲜进口矿物原料，禁止对朝鲜出口航空燃油。而朝鲜于 2016 年 9 月和 2017 年 9 月分别进行第五、六次核试后，联合国安理会分别通过了第 2331 号和 2375 号决议，对朝鲜进行了前所未有的严厉制裁，禁止朝鲜出口从矿产品、煤炭、海鲜到服装和纺织品等几乎所有朝鲜可以合法出口创汇的项目，同时禁止对朝鲜出口凝析油、禁止朝鲜的劳务输出以及禁止朝鲜在境外的合资与独资企业经营。当然，制裁不是最终的解决方案，未来谈判需要取得实质性进展。因此，除了加快“一带一路”建设升级，更应该在区域安全问题上积极有为，将“亚洲新安全观”落到实处。

第二，2030 年前以布局全球治理架构为核心。在中程架构上（2030 年前），中国可以发挥比较优势，尝试创设全球高铁网络、搭建新型金融治理平台，引领创新经济发展潮流，对全球治理进行升级，设计新型的全球公共产品形态。一方面，搭建全球互联互通网络，升级“一带一路”。届时“一带一路”将建设扩展成万物互联的全球网络体系，通过互联网、物联网的软联通与高铁网、公路网、航空网、管道网、港口网等实体

① 王毅：《党的十八大以来中国外交的新成就新经验》，《党建研究》2017 年第 6 期，第23～26 页。

网络相互融合，推动全球走向更紧密的共同体。[①] 目前，中国已经在泰国、巴西、墨西哥、俄罗斯等全世界各个国家和地区开展建设高铁，中国高铁“走出去”外交已辐射非洲、亚洲、欧洲、美洲、大洋洲等区域。[②] 十八大前后中国重点推进了印度尼西亚雅加达—万隆的高铁，以及中老铁路、巴基斯坦拉合尔橙线轻轨、匈塞铁路、中泰铁路、马新高铁、中俄高铁、英国高铁等近 20 个境外铁路项目合作，在非洲建立了“四纵六横”铁路网格局，匈塞铁路塞尔维亚段项目成为中东欧“16 + 1”合作旗舰项目。2017 年 6 月，全球运行能耗最低、具有完全自主知识产权的中国标准动车组“复兴号”正式通车，这将构成中国未来的比较优势。[③] 当前高铁的 1.0 版本时速为 350 ~ 500 公里，从上海到伦敦可能需要 40 个小时左右（中欧班列需要 16 天，海运要一个多月）；到 2030 年的时候，可能将升级到 2.0 版本，真空管磁悬浮高铁每小时可以达到 3500 ~ 5000 公里，从北京到上海只需要 20 分钟，从北京到纽约也可能只需要四五个小时。[④] 随着“泛亚铁路（Trans - Asian Railway，TAR）”计划的推进，2030 年中国可以主导构建联通五大洲的

---

① 陈文玲：《“一带一路”将如何重塑全球新经济》，《第一财经》，2017 年 5 月 15 日。

② 关于“高铁外交”的前景论述，请参见徐飞《纵横“一带一路”：中国高铁全球战略》，格致出版社、上海人民出版社，2017。

③ 《“复兴号”具有完全自主知识产权》，中国经济网，2017 年 6 月 26 日。

④ 《中国高铁刚走出国门，中国飞车又要来了》，金桥智库，2017 年 9 月 2 日。

全球高铁网络，为建立网络化新型全球关系打下基础。

另一方面，建立全球大数据分享中心，打造信息共同体。大数据与互联网密不可分的关系决定了大数据具有开放基因，因此建立大数据分享中心是必然趋势。由于开放数据是指任何人可以自由获取、免费使用的数据，因此是一种新型公共产品。[①] 2009 年，美国率先开放国家数据平台网站 data. gov，之后英国、加拿大等发达国家也纷纷宣布政府数据开放计划，开放政府数据迅速成为全球共识。2015 年国务院印发的《促进大数据发展行动纲要》中明确提出在 2018 年底前建成国家统一的数据开放平台，2020 年逐步实现交通、医疗、卫生、环境、气象、企业登记监管等领域数据向社会开放的目标。按照这种开放进度，2030 年可以建成亚洲或全球大数据分享中心，到时中国就将成为世界的知识中枢之一，源源不断地向全球供给数据信息，为全球治理提供大数据支持。全球大数据中心可以跨国合作，也可以由中国单独供给，因为到 2030 年中国将具备领先的数字化能力。其实 2017 年的今天，中国企业在大数据方面已经处于世界前列。例如由中国电商制造的“双十一”狂欢节，在 2016 年的当天创造了交易额 1207 亿元人民币的世界纪录，物流方面也再次刷新全球纪录，共产生 6. 57 亿物流订单；支付方面，支付宝实现支付总笔数 10. 5 亿笔，同比增长

---

① 高奇琦：《大数据公共治理：思维、构成与操作化》，《人文杂志》2016 年第 6 期，第103 ~ 111 页。

48%。支付峰值达到12万笔/秒，也刷新了全球流量峰值纪录。① 而拥有近9亿用户的微信一天产生的海量数据容量比人类有史以来的所有纸质书容量还要大。因此，中国已经具备驾驭大数据的能力，在未来条件成熟时可以转化为造福地区和全球的公共产品。

第三，2050年前以关怀全人类命运为导向。在远景设计上，未来30多年中国应着眼引领全球价值，强化中国倡议的感召力和凝聚力。特别是立足长远，在“高边疆”领域中国要敢为人先，这需要我们具有高度的想象力，引领人类未来整体发展方向。全球领先的大国必然是有前瞻性、想象力的大国。思考未来，就不得不从当下的技术变革与人类社会发展趋势一叶知秋。2016年，谷歌公司开发的人工智能机器人AlphaGo打败了世界围棋高手，这是人工智能发展史上的一个历史性时刻。根据预测，人工智能会在20~30年内得到普及，在未来的三十年里，科技的进步速度与其对人类的影响将不可估量。② 届时可能30年的技术变革速度将超越过去100年里的变革速度，这种更加剧烈、更具颠覆性的变革需要全新的应对方案。到2050年，中国已经完成民族伟大复兴，必须去站在人类最高点思考这些难题，贡献更高级的公共产品形态。

---

① 阿里研究院、阿里跨境电商研究中心：《2016中国跨境电商发展报告——贸易的未来：跨境电商连接世界》，2016年9月，第4~5页，http://i.aliresearch.com/img/20160901/20160901101059.pdf。

② 《谷歌机器人打败韩国围棋高手，人工智能再掀讨论高潮》，搜狐网，2016年3月10日。http://www.sohu.com/a/62736344_119536。

一方面，倡导全球价值观，建成人类命运共同体。2050 年的国际社会物质将异常发达，现实网络与虚拟网络交错纵横，人类文明有了很大提升，届时人类面临地球外的威胁越来越多，那时有望超越“文明冲突”，建成人类命运共同体。在这个异常发达又异常具有风险的 2050 年的社会里，中华大地当之无愧将成为全人类最好的居息之所，这里有传承五千多年的包容性文化，更有世界领先的经济、文化、政治与军事水平。不难预见，复兴之后的中国必将改变世界，中华文明将构成世界的主流价值观。融汇古今中西诸文化之精华，而铸就辉煌的现代中华文化将流动到整个世界。在现代版的“唐朝盛世”里，中华文明将更加有创造力、包容力与渗透力。走向全球的中国带给世界的不仅是互联互通的网络技术，也应该是对人类的命运关注。这时，作为整体的人类将面临诸如小行星撞击地球、太阳风暴等天文性自然灾害，海平面的上升也不可避免地将造成可用土地减少、物种灭绝等问题，中国要以人类大家庭的权威者、服务者身份，提出解决方案。不论届时人类的语言与文化差异还有多大，全球的命运共同体意识必将进一步深化。中国需要提出全新的共同价值理念，以凝聚世界，增加全球治理信心。[①] 在这种新型的全球关系互动模式中，倡导包容、融合、聚合的“东方智慧”将发挥引领作用。

---

① Qin Yaqing, “Rule, Rules, and Relations: Towards a Synthetic Approach to Governance,” *The Chinese Journal of International Politics*, Vol. 4, No. 2, 2011, pp. 117 – 145.

另一方面，在“高边疆”领域实现人类大合作。在未来30~50年时间里，人类可能遭受来自自然与外太空的各种威胁，人类需要更高级的公共产品。譬如在外太空炸毁一个旧卫星就会导致连锁反应，威胁到轨道上运行的大多数卫星。如今轨道上运行着1100多颗有源卫星，其中约有60%用于通信，还有约2500颗不活跃卫星，这都是现实的太空威胁。此外，外太空治理还包括预防小行星撞击。太阳系内分散着数以亿计残片碎块，小至鹅卵石大小，大至直径上千公里，这些星体都有可能撞击地球。① 英国学者杜肯·斯蒂尔发现，大约有1500颗直径1公里大小的小行星已经或正在掠过地球的轨道。② 近地小行星和地球相撞只是时间问题，一旦体量过大冲入地球大气层而没有融化，碎片就会造成重大危害。也有科学家警告说，一颗名“阿波菲斯”的390米宽小行星将可能在2036年和地球相撞，释放出比广岛原子弹爆炸高10万倍的能量。③ 2050年中国将成为太空强国，根据中国政府规划，2020年中国将登陆火星，并且建成中国太空基地。④ 那时，中国应对太空灾难的能力也将领先世界，可以主导建立全球预警系统，对

---

① 〔美〕斯科特·巴雷特：《合作的动力：为何提供全球公共产品》，黄智虎译，上海人民出版社，2012，第23页。

② 李异鸣：《人类灭种的10种可能》，新世界出版社，2012。

③ 《地球或面临七大灾难》，《西安日报》2014年12月9日。

④ 《中国透露2020年登陆火星探测计划：三项任务一次完成》，《参考消息》2016年4月22日。

正在飞往地球的星体进行预警和阻击。[①] 此外，太阳风暴达到高峰也会对地球通信设备造成灾难性影响。1989 年 3 月 13 日，太阳风暴曾经席卷加拿大北部，造成该地区九万个家庭停电 9 个多小时。[②] 这些公害需要全世界共同应对，而中国也责无旁贷。

此外，关注人工智能科技伦理，倡议伦理规范。除了云计算、大数据之外，人工智能（AI）与智能商品也将成为未来 30 年发展大趋势。人工智能赋予了机器一定的视听感知和思考能力，不仅会促进生产力的发展，也会产生伦理问题。[③] 早在 20 多年前，IBM 公司开发的超级计算机“深蓝”就击败了世界象棋冠军，震惊世界。如今，IBM 的电脑问答系统 Watson、谷歌开发的 AlphaGo 与无人车、美国苹果公司开发的语音助手 Siri，以及其他各种人脸识别技术都代表了人工智能的未来发展趋势。在不远的未来大部分商品会智能化，万物联网，这将深刻改变人们的生活方式。[④] 可以毫不夸张地说，20 ~ 30 年后的世界规则将有突破性变革，中国需要提前布局，提升未来服

---

① 《开启太空“新长征”，中国准备了哪些利器?》，新华网，2016 年 4 月 21 日。

② 《2014 年是太阳风暴活动峰年阿媒解析其对人类影响》，中国网，2014 年 1 月 22 日。

③ 所谓人工智能，是人类在利用和改造“机器”的过程中所掌握的物质手段、方法和知识等各种活动方式的总和，主要包括机器人、语言识别、图像识别、自然语言处理和专家系统等。

④ 《刘强东：第四次零售革命将来临将又一次超越互联网》，凤凰科技，2017 年 7 月 10 日。http：//tech. ifeng. com/a/20170710/44650274_ 0. shtml。

务全球社会的能力。根据乌镇智库数据，2016 年美国、中国、英国三国人工智能企业数量占全球的66%，其中中国发展速度非常抢眼。[①] 中国人工智能发展目前已经被纳入国家战略，2017 年 7 月国务院公布《人工智能发展规划》，提出到 2030 年中国人工智能理论、技术与应用总体将达到世界领先水平，成为世界主要人工智能创新中心。[②] 但是对于人工智能的伦理担忧，也是需要考虑的新问题。有报告认为到 2030 年，计算机或机器人将拥有和人类大脑一样的储存容量和处理速度，甚至能完全代替人类思考。那么具有极强决定能力的机器人是否会取代人类？或者是否会被极端分子用于犯罪、战争或屠杀？新兴领域的伦理价值需要全人类去思考，但中国在 2050 年将成为世界科技领头羊，因而更需承担责任倡议创设人工智能伦理规范，以委员会的形式，对新兴科技可能造成的风险进行评估、监督与检查，确保人类整体安全。这些想象看似遥远，其实并不陌生，比如 30 年前的人类是不会想象到今天互联网世界的伦理问题的，因此中国需要提前布局。

---

① 乌镇智库网易科技、网易智能：《乌镇指数：全球人工智能发展报告（2016）（框架篇）》，2016 年 10 月，第 7 页，http：//h5. iwuzhen. org/pdf/AI－Overview. pdf。

② 《国务院关于印发新一代人工智能发展规划的通知》，2017 年 7 月 8 日，http：//www. gov. cn/zhengce/content/2017－07/20/content_ 5211996. htm。

第九章　再全球化：理解中国与世界互动的新视角

在探讨中国崛起与全球化的关系时，“自由秩序”是一个绕不开的词语，这个词实际上是西方学术界和政策界描述现存国际秩序时经常用到的一个词，也是西方现代霸权很重要的元素和基础。显然“自由秩序”这个词具有非常鲜明的西方中心主义的视角。事实上，当西方政客和学者谈起国际秩序的时候，就带着西方中主义的视角，仿佛他们拥有对现存国际秩序的“产权”。西方人在国际秩序表述中，一说起中国，明显带有一种语境：“你是不是要挑战、要推翻现有秩序？”在他们看来，这个自由的秩序是在以美国及其盟友为主导所建构起来的一套规范和规则运行下的秩序。这样他们看中国的时候，就带有一种傲慢的心态：“你必须表现很好，这样才能获得资格参与到现有国际秩序当中。”显然，这样的心态本身就有一种荒谬性。打一个比方，这就好比量子物理一样，中国到底在不在现存的国际秩序当中？既在又不在。经过近 40 年的改革开放，中国当然深嵌在现存秩序中。但是出于意识形态的偏见，西方政治人物、学者和媒体往往将中国视为异类，潜意识里认为中国并不具有成为现存国际秩序一员的合法性。因此，当西方决策者、学者用“自由秩序”这样一个概念描述现存的国际秩序时显然带有很大的局限性，因为中国不是完全被西方自由主义秩序同化，也不是与其完全分裂，而是正嵌入其中渐进式地展现改革的力量。

“一带一路”倡议为世界带来了“互利共赢”。在传统国际关系中西方强调零和游戏，即我赢你输。中国不一样，中国强调双赢、多赢，然后通过合作来互通有无、取长补短。中国崛起正在重新塑造全球化进程，中国向外输出的观念、资金与发展模式，已经推动了新一轮全球化加速，我们称之为“再全球化”进程。顺其自然也是中国的智慧，战略上叫作“谋势”与“顺势而为”。“谋势”的意思就是形成一种势头：我并不是要把你吃掉，我是形成一个势，之后你觉得不参与就会落伍。“一带一路”倡议在某种程度上也是如此，认准了方向、大胆实验，然后共商、共建、共享，结果参加的人越来越多，最后美国和日本会发觉，中国的“一带一路”倡议不是只为自己，而是要做一个大的平台。

自 2008 年全球金融危机以后，以美国为代表的西方国家陷入不同程度的孤立主义泥潭之中，自顾不暇，而以中国为代表的新兴国家对全球秩序的参与度越来越高，这种“一降一升”给了中国填补真空的机会。总结而言，中国引领的“再全球化”具有两方面深远意义。

首先，重建全球化叙事的合法性。与“赢者通吃”的逻辑不同，再全球化倡导共商、共建、共享。西方学术界多是从静态的视角来分析中国与全球化之间的关系，将其简单化为守成国与崛起国之间的必然矛盾，认为中国与西方必然是非此即彼的零和关系。实际上改革开放以来，中国从来没有试图去破坏或推翻任何一个由西方主导的全球机制，反而是在西方国家大谈“逆全球化”与反全球化之际，中国铁肩担道义，扛起了新一轮全球化的大旗。[①] 中国几千年的发展历史，数十个朝代的兴衰更替，使得中国人更加明白“赢者通吃”的脆弱性。[②] 自2016年以来，随着英国脱欧、美国总统特朗普上任正式宣布退出TPP、法国选情跌宕，“逆全球化”趋势集中升温。而与之形成鲜明对比的是，中国政府通过“一带一路”倡议、亚投行、亚太自由贸易区积极推进再全球化，在此过程中体现出了开放包容以及共商共享共建的理念。

其次，当全球不确定性增加时，带回确定性。通过向外投射影响力，构建新规则，应对当前失序的全球秩序。一方面，作为一个新兴大国，中国是全球化规则的学习者。而另一方面，中国国内改革所释放的国际影响力又能反过来促进全球化

---

① 高柏：《为什么全球化会发生逆转：逆全球化现象的因果机制分析》，《文化纵横》2016年第6期，第42～50页；郑宇：《全球化进程并未逆转》，《文化纵横》2016年第6期，第22～35页。

② 时殷弘：《传统中国经验与当今中国实践：战略调整、战略透支和伟大复兴问题》，《外交评论》2015年第期，第57～68页。

进程，由此形成国内外的良性联动。以独具特色的“试点模式”来说，它是对接国际规则与本国国情的创造性实践。目前这一发展模式已经为南南合作提供了一种新的发展思路。著名经济学家林毅夫指出，南南合作能够让其他国家学习中国的成功经验，特别是通过规划经济特区与产业园、建立超前的基础设施、发挥比较优势，来实现速赢与跨越式发展。[①] 改革开放以来，中国在每次大规模改革之前都会通过试点积累经验，最成功的例子当属农村家庭联产责任承包制试点、深圳特区经济改革试点、沿海城市带开放试点与上海自贸区制度试点等。这种渐进模式有助于在制度创新上积累可复制、可推广的经验，将本国国情与国际规则有效对接，降低改革风险。当前中国已经形成了一个由南至北、由东至西的“1 + 3 + 7”自贸区试点新格局。[②] 自由贸易试验区瞄准制度创新，可以为欠发达国家积累改革的经验。2007 年中国就在海外建立了 19 个经济园区，将中国的试点模式推广到海外。[③] 试点推广的合作模式稳固了双方的社会关系，与西方主导的规则模式不同，这种合作模式

---

① 林毅夫、王燕：《超越发展援助：在一个多极世界中重构发展合作新理念》，第 19 ~ 20 页。

② 王萌、卢泽华：《自贸区引领中国全方位开放，构筑辐射“一带一路”网络》，《人民日报》（海外版），2017 年 3 月 29 日。

③ Deborah Bräutigam and Xiaoyang Tang, “Going Global in Groups: China's Special Economic Zones Overseas,” *World Development*, Vol. 63, 2014, pp. 78 – 91; Deborah Bräutigam and Tang Xiaoyang, “African Shenzhen: China's Special Economic Zones in Africa,” *The Journal of Modern African Studies*, Vol. 49, No. 1, 2011, pp. 27 – 54.

具有馈赠礼物的性质，有助于形成长期、可持续的国家间友谊。[①] 整体上，中国越推进国内改革就越能促进再全球化进程，中国深化改革所释放的能量正是再全球化的重要内容。

中国已经是国际秩序变革，乃至重塑全球化进程的重要推动力量，但是要获得全面的领导力，还有很长的路要走。上海航运运价交易所、阿里巴巴、“一带一路”的故事，都在告诉我们中国和世界的关系正在发生深刻的变革。要告别传统的单线思维，我们需要认识到：一个日益强大的中国必将反过来塑造和影响全球化的特点与进程。由此“再全球化”呈现出双向互动特点，强调国内与国际联动、新兴国家与世界联动、边缘与中心联动，超越西方中心主义的狭隘思维，倡导更加包容共享的全球秩序。随着中国与世界“再次相遇”，[②] 在规则和形态上我们将创造一个从未想象过的崭新的全球化模式，这个模式脱胎于2008 年的全球金融危机，致力于超越西方长达400 多年的不对等支配，将塑造与被塑造的过程辩证统一起来，这也就是再全球化的历史性进程。尽管这一过程不会一蹴而就，但变革却令人期待。所幸的是，今天的我们正站这个伟大的历史起点上。

---

① 李瑞昌：《界定“中国特点的对口支援”：一种政治性馈赠解释》，《经济社会体制比较》2015 年第 4 期，第 194 ~203 页。

② 如果 1840 年中国与世界的相遇是被动和威逼的结果，那么今天中国与世界的相遇将是主动、自由与共生的相遇，是真正意义上的相互对话、共同成长与进化的过程。

图书在版编目（CIP）数据

再全球化：理解中国与世界互动的新视角 / 王栋，曹德军著. --北京：社会科学文献出版社，2018.2（2019.4 重印）
ISBN 978-7-5201-2173-6

Ⅰ.①再… Ⅱ.①王… ②曹… Ⅲ.①中外关系-研究 Ⅳ.①D822

中国版本图书馆 CIP 数据核字（2018）第 016146 号

再全球化：理解中国与世界互动的新视角

著　　者 / 王　栋　曹德军

出 版 人 / 谢寿光
项目统筹 / 李延玲　任文武
责任编辑 / 张丽丽

出　　版 / 社会科学文献出版社 · 城市和绿色发展分社（010）59367143
地址：北京市北三环中路甲 29 号院华龙大厦　邮编：100029
网址：www.ssap.com.cn
发　　行 / 市场营销中心（010）59367081　59367083
印　　装 / 三河市东方印刷有限公司

规　　格 / 开　本：787mm × 1092mm　1/16
印　张：14.75　字　数：143 千字
版　　次 / 2018 年 2 月第 1 版　2019 年 4 月第 2 次印刷
书　　号 / ISBN 978-7-5201-2173-6
定　　价 / 88.00 元